KB213765

공부 습관 잡아주는 초등 공부방법

2011년 12월 1일 개정판 1쇄 발행 | 2012년 3월 25일 개정판 2쇄 인쇄

글 조영경 | 그림 박선미

펴낸이 정태선
기획 · 편집 안경란 · 이소영 | 디자인 고정자 | 마케팅 김현우 · 정하다

펴낸곳 파란정원 | 출판등록 제312-2009-000054호
주소 서울시 서대문구 홍제동 90-15 2층 | 전화 02-6925-1628 | 팩스 02-723-1629 | 전자우편 eatingbooks@naver.com
종이 진영지업 | 인쇄 조일문화 | 제본 동양실업

ⓒ 파란정원
ISBN 978-89-94813-08-0 63370
이 도서의 국립중앙도서관 출판시도서목록(CIP)은 e-CIP 홈페이지(http://www.nl.go.kr/ecip)와
국가자료공동목록시스템(http://www.nl.go.kr/kolisnet)에서 이용하실 수 있습니다.(CIP제어번호: CIP2011005165)

이 책은 《특목고로 가는 자기주도형 초등공부방법》의 개정판입니다.

공부 습관 잡아주는
초등 공부방법

글 조영경 | 그림 박선미 | 추천 박의수(서울서원초 교사)

파란정원

'There is no royal road to learning(배움에는 왕도가 없다).'

이처럼 공부 방법에 대한 많은 속담과 격언이 있을 정도로, 우리는 어떻게 하면 공부를 잘할 수 있는지 그 방법에 대해 많은 고민을 합니다.

위의 속담에서 보듯이 공부에는 왕도나 지름길이 있을 수 없습니다. 그저 묵묵히, 성실하게 자기가 해야 할 바를 해 나가는 것만이 공부를 잘할 수 있는 지름길이고 왕도이죠.

요즘 우리가 접하고 있는 시험의 유형들이 하루아침에, 또는 족집게 과외로 짧은 시간 안에 큰 결과를 얻을 수 있는 유형에서 변하고 있습니다.

그렇다면 점점 변하는 시험 유형에서 좋은 성적을 얻는 방법이 오직 성실하게 노력하는 것뿐일까요? 만약 그렇다면 '소처럼 노력하는 것'은 어떤 식으로 공부하는 것일까요?

단순히 '소처럼 열심히 하기만 하면 되는가?' 하는 질문에 대한 최고의 답은 아닐지 모르지만, '소 같은 성실함에 여우 같은 기교'를 덧붙일 수만 있다면 그것이야말로 공부를 잘할 수 있는 최고 좋은 방법이 아닐까 생각합니다.

《공부 습관 잡아주는 초등공부방법》은 바로 이런 '소 같은 성실함과 여우 같은 기교'를 일목요연하고 재미있게 풀어서 설명한 책입니다.

공부해야 하는 이유를 제시하여 학생들에게 공부의 동기를 부여하고, 구체적으로 어떻게 공부를 해야 하는지 전체적인 흐름과 과목별 공부 방법을 제시하고 있습니다.

이 책이 공부를 잘하기 위한 최고의 학습서는 아니더라도, 학생들이 최선을 다할 수 있도록 끌어 주는 등대와 같은 역할을 하리라 확신합니다.

박의수 (서울서원초 교사)

'너에게 가장 힘든 일은 무엇이니?' 하고 물으면 아마 공부일 거야. 이 세상에서 없어졌으면 하는 것도 공부일 테고.

그런데 네가 지금 가장 바라는 일도 아마 공부를 잘하는 걸 거야. 조금이라도 성적을 더 올릴 수 있을까 해서 학원에도 다니고 과외도 받고 하지. 그러다 문득 이런 생각도 들 거야.

'도대체 공부는 왜 해야 하는 걸까?'

공부하는 이유는 각자 다를 수 있어. 누구는 자신의 꿈을 이루기 위해, 누구는 당장 좋은 대학에 가기 위해, 또 누구는 그냥 엄마가 하라고 하니까 등등 말이야.

이유야 어떻든 나름대로 목표가 있으면 행동이 따르기 마련이지. 공부도 마찬가지야. 자신만의 목표가 있다면 공부에 대한 거부감이 조금은 덜할 거야.

만약 아직도 공부하는 이유가 분명하지 않다면 이 책을 통해 다시 한 번 마음을 다잡기 바라. 한편으로는 다른 친구들은 어떤 습관을 가지고 어떻게 공부하는지 살펴보는 것도 도움이 될 거야.

공부는 살아가는 동안 피할 수 없는 거야. 아무리 요령을 피우고 꾀를 내어 봐도 평생 네 뒤를 졸졸 따라다니지.

너는 그런 과정의 첫 번째 단계에 놓여 있는 셈이지. 첫 번째 단계라고 하니까 벌써 질리니? 하지만 첫 번째 단계이기 때문에 지금 잘만 다져 놓으면 두 번째, 세 번째 단계에서 비교적 순탄하게 올라갈 수 있단다.

'피할 수 없으면 즐겨라!' 라는 말처럼, 공부를 지겨운 것으로만 생각하지 말고 친구로 만들어 보렴. 그리고 배움의 즐거움을 한껏 누려 보기 바란다. 그 즐거움을 찾는 데 이 책이 조금이라도 도움이 되었으면 해.

글쓴이 조 영경

● 차 례 ●

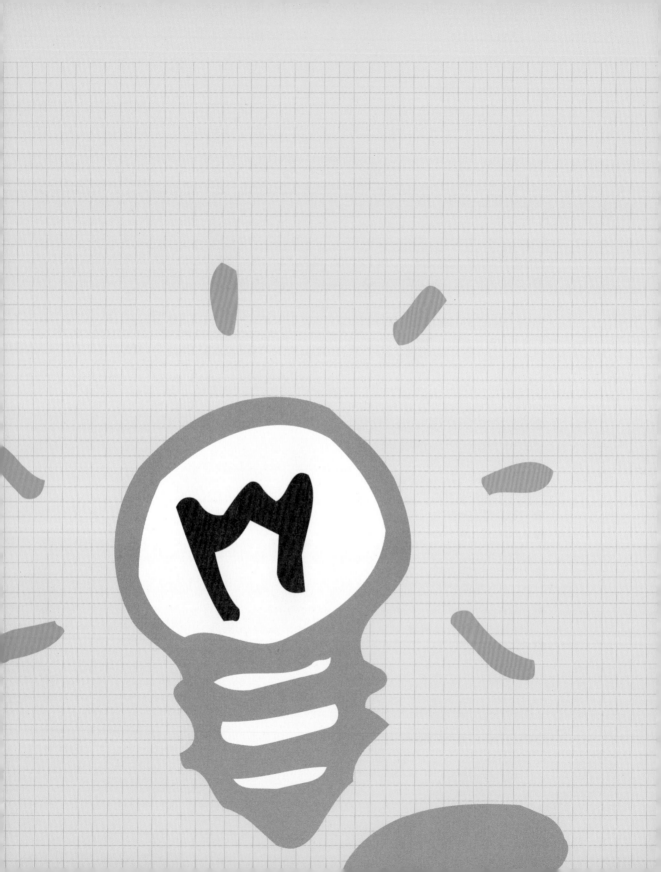

제1장

초등학생 때 공부가 왜 중요할까?

위대한 꿈을 이룰 수 있어

"난 꼭 우리나라를 위해 멋진 일을 하는 사람이 될 거야!"

50여 년 전, 한 소년이 다부지게 큰 꿈을 가슴에 품었어.

당시 우리나라는 한국전쟁 탓에 제대로 된 교육을 받을 수조차 없던 시절이었어. 하지만 소년은 어려운 환경 속에서도 세계 공통어인 영어에 푹 빠져 살았지. 그런 소년을 친구들은 '쟤는 영어에 미쳤어.'라며 놀려댔어.

하지만 남들이 뭐라고 하든 소년은 자신의 꿈을 이루기 위해 노력했어. 소년은 영어로 이야기를 나누고 싶어서 직접 외국인을 찾아다니기까지 했지.

그렇게 남다른 노력 끝에 소년은 대한적십자사가 주최한 영어 말하기 대회에서 일등을 차지했어. 또 고등학교 3학년 때는 미국으로 건너가 케네디 대통령도 만났어. 현재 소년은 외교관의 꿈을 이루었을 뿐만 아니라, 세계 평화의 수호자가 되었어.

바로 반기문 유엔 사무총장이 바로 그 소년이야.

우물 안 개구리

반기문 사무총장이 작은 시골 마을에서 세계를 무대로 활동하는 외교관이라는 큰 꿈을 꿀 수 있었던 것은 세상을 보는 눈이 남들과 달랐기 때문이야.

아무런 노력도 하지 않으면서 무조건 큰 꿈만 꾸는 것은 헛된 욕심에 지나지 않아. 남들이 인정하는 멋진 꿈을 이룬 사람들은 시작부터가 남들과 달랐단다.

우물 안의 개구리는 자신이 사는 우물이 세상 전부라고 생각해. 그래서 평생 그 좁은 우물 안에서 그만큼의 하늘만 바라보며 살아가지. 우물 밖의 세상을 상상 못 하는 개구리에게는 어쩌면 당연한 일일지도 몰라.

사람도 마찬가지야. 자신의 틀을 깨지 않으면 우물 속의 개구리와 다를 것이 없어. 우물을 나와 산을 넘고, 커다란 강을 따라가야 거대한 바다를 만날 수 있단다.

넓은 세상을 연결하는 디딤돌

바다를 볼 수 있는 능력을 키워 주는 것이 바로 공부야.

공부는 인생을 밝혀 주는 등불과도 같아. 공부를 하면 할수록 인생에 놓인 많은 길들을 발견할 수 있지. 그만큼 꿈과 희망도 많아져. 아는 것이 많으면 하고 싶은 일도 많아지는 법이거든.

사람들은 누구나 꿈을 가지고 있고 그 꿈을 이루기 위해 노력하지. 그런데 꿈을 꾸는 것은 자유지만 노력하는 정도에 따라 꿈을 이룰 수 있는 가능성은 크게 달라진단다.

그 가능성은 상급학교로 가면 갈수록 더욱 차이가 나게 돼. 50점짜리와 100점짜리의 꿈이 같을 수는 있어도, 그 꿈을 실현할 수 있는 확률에는 큰 차이가 나기 마련이야.

외국어를 잘하는 사람은 활동 무대가 세계로 확대되겠지만, 잘 못하는 사람은 기껏해야 우리나라가 활동 무대의 전부일 수밖에 없지.

실력을 갖추지 않고서는 큰 꿈을 이룰 수 없어. 더 멋진 꿈을 꾸고 싶다면 우물 속에서 나와야 해. 그러려면 힘이 필요한데, 그 힘의 원동력이 바로 공부야.

성적만으로도 좋은 인상을 줄 수 있어

　러시아에서 한 사내아이가 태어났어. 사내아이는 어려서부터 외모 콤플렉스를 갖고 있었단다. 넓적한 코와 두꺼운 입술, 작은 눈과 긴 팔다리가 원망스러웠지.

　"난 못생겼기 때문에 앞으로 행복하게 살 수 없을 거야."

　사내아이는 교회에 나가 매일같이 기도했어.

　"저에게 기적을 내려 주세요. 저를 미남으로 만들어 주시면 제 모든 것을 바치겠습니다."

　하지만 아무런 변화도 일어나지 않았어.

　그런데 사내아이에게는 문학적인 소질이 있었어. 그는 자신의 소질을 잘 살려 아름다운 글을 썼지.

　그 사내아이가 누구냐고? 바로 러시아의 대문호 톨스토이야. 톨스토이는 오랫동안 자신을 괴롭혀 온 외모 콤플렉스에서 벗어날 수 있는 답을 얻었어.

　"사람의 진정한 아름다움은 외모가 아니라 내면에 있다."

성적은 내면뿐만 아니라 외모까지 빛나게 해

공부를 잘하는 아이는 어쩌다 잘못을 저질러도 '실수했구나, 괜찮다.' 하고 용서받고, 칭찬받을 일을 하면 '역시 우등생은 뭐가 달라도 달라!' 하며 지나치다 싶을 정도로 후한 대접을 받지.

어른들이 성적만으로 사람 차별한다고 분개할지 모르지만, 거기에는 다 그럴 만한 이유가 있단다.

성적이 좋은 사람은 대부분 성실해. 성실이란 덕목은 공부뿐만 아니라 모든 일상생활에서 기본이 되는 품성이지. 성실한 사람은 다른 사람에게 믿음직한 사람으로 평가받는단다.

외모는 그 자리에서 바로 평가할 수 있어. 잘생기고 예쁘다는 기준이 개인마다 다르기는 하지만 바로 구분할 수 있지.

그런데 성격은 한두 번 만나서는 절대 알 수 없잖아. 그때 성적을 보면 대강은 알 수 있어. '성적이 좋은 것을 보니 성실하고 똑똑하겠구나.' 그래서 옛날에는 대학생, 특히 서울대 학생이라면 언제 어디서나 대접을 받았지.

인정하기 싫겠지만 성적에 따라 인상이 다르게 보이는 것은 어쩔 수 없어. 성적은 내면뿐만 아니라 외모까지 빛나 보게 해.

다른 사람에게 인정을 받을 수 있어

성적이라는 꼬리표는 사회에 나와서도 달고 다니게 된단다. 여기서의 성적이란 단순히 일등, 이등 하는 숫자로 된 점수가 아니라, 학창 시절을 어떻게 보냈는지 알 수 있는 점수를 말해.

성적이 좋다면, '학창 시절을 성실하게 보냈으니 생각과 몸가짐이 바를 것'이라는 덤까지 얻게 되는 것이지.

그리고 실제로 우등생은 사회에 나와서도 몸에 밴 습관대로 모든 일을 성실하게 처리하곤 해. 그러니 성적 좋은 사람이 대접을 받는 것은 어쩌면 당연한 건지도 몰라.

물론 성적이 다는 아니야. 성격이나 됨됨이도 중요하지. 하지만 사람을 평가하는 많은 부분 가운데 성적이 가장 큰 자리를 차지하고 있는 것만은 틀림없어.

다른 사람에게 인정을 받으면 자신감이 생기는데,여러 심리학적인 실험에서 자신감을 가진 사람은 자기 능력 이상의 성과를 거두지만, 자신감이 없는 사람은 자기 능력조차 제대로 발휘하지 못한다고 해. 이렇게 성실과 자신감이 밀접한 관계에 놓여 있으니 성적이 좋은 사람이 눈에 띌 수밖에 없는 거란다.

원하는 대학에 갈 수 있어

'앞으로 내 미래는 어떻게 될까?'

밤새 친구들과 어울려 술을 마시고 오토바이를 타다 돌아온 장승수는 문득 자신의 미래가 불안해졌어. 현재 자신이 처한 상황에서 미래를 상상하기란 불가능했거든.

'이건 내가 원하던 삶이 아니야. 이렇게 살 수 없어!'

장승수는 미래를 위해 지금까지 살던 방식을 과감하게 버리고 공부를 하기 시작했어.

첫 번째 목표는 대학 진학이었지. 그렇지만 고등학교를 졸업하고 중장비 조수, 식당 배달원, 택시 기사, 가스 배달원, 막노동꾼 등을 전전했으니 대학에 합격하기란 쉽지 않았어.

하지만 잠시라도 손에서 책을 놓지 않고 노력한 결과 1996년, 고등학교를 졸업한 지 6년 만에 마침내 서울대 인문계열 전체 수석으로 법학과에 합격했단다. 그리고 사법고시에도 합격해 지금은 법조인의 길을 걷고 있단다.

대학을 꼭 가야 할까?

어른들은 왜 그렇게 대학, 대학 하는 걸까? 대학은 말 그대로 성공의 발판이 되기 때문이야.

물론 대학을 나오지 않고도 얼마든지 성공할 수는 있어. 하지만 확률적으로 보면 좋은 대학을 나온 사람이 좋은 직업을 얻고, 좋은 사람들과 어울려 성공할 확률이 높단다. 장승수 역시 대학에 진학하지 않았다면 법조인이라는 꿈을 이루기가 쉽지 않았을 거야.

대학을 나온 사람은 그렇지 않은 사람보다 좋은 직업을 선택할 수 있는 폭이 넓어. 또한 같은 회사에서 같은 일을 해도 대학을 나온 사람과 그렇지 않은 사람의 월급에는 큰 차이가 있어. 월급뿐만 아니라 승진에서도 학력에 따른 차별은 존재하지.

요즘은 신입사원을 뽑을 때 학벌을 보지 않는다고 하지만, 아직은 그런 기업보다 그렇지 않은 기업이 더 많아. 이미 학교를 졸업했을 나이의 사람들이 대학교로, 대학원으로 진학하는 이유는, 물론 배움에 대한 목마름도 있긴 하겠지만, 그것보다는 더 나은 사회적 성공을 위함이 더 크단다.

대학은 사회로 들어가는 첫 입장권

대학 안 나왔어도 인정받는 사람이 많다고? 학벌이 그저 그런데도 성공한 사람들은 그 자리에 오르기까지, 대학을 나와 성공한 사람들보다 몇 배나 더 큰 고통과 차별을 이겨낸 사람이야.

그렇기 때문에 대학을 안 나왔는데도 성공했다고 존경하는 것이 아니라, 그 어려움을 다 이겨냈기 때문에 존경하는 거란다.

유명 대학을 나온 사람들이 정치, 경제, 언론 분야에서 막강한 세력을 형성하여 세상을 자신들 뜻대로 좌지우지하고 있어.

세상을 움직이는 사람은 극소수야. 내가 세상을 움직일 것인지, 아니면 누군가를 따르며 살 것인지는 각자 하기 나름이야.

대학은 사회로 들어가는 첫 입장권이라고 할 수 있어. 어떤 입장권을 받느냐에 따라 좋은 자리에 앉을 수도 있고 불편한 자리, 또는 내내 서 있어야 할 수도 있어.

당장 힘든 것을 견디고 나면 내내 좋은 자리를 차지할 수 있으니, 조금 힘들더라도 지금 열심히 하는 게 좋지 않을까?

아무리 실력이 인정받는 사회라고 해도, 대학에서 쌓은 실력이 가장 크게 인정받는 세상이란다.

자신의 가치를 높일 수 있어

옛날에 아주 솜씨 좋은 신발 장수 김씨가 있었어. 그가 만든 신발은 내놓는 족족 다 팔렸고, 당연히 돈도 많이 벌었지. 김씨는 자신만의 신발 만드는 비법을 아들에게 고스란히 물려 주었어.

김씨 옆집에 그와 실력이 비슷한 신발 장수 박씨가 살고 있었는데, 박씨는 아들에게 자신만의 신발 만드는 비법은 물론 물건 파는 방법도 가르쳤단다.

"물건을 잘 만드는 것도 중요하지만, 파는 것도 중요하단다."

김씨 아들은 매일같이 아버지 밑에서 신발만 만들었고, 박씨 아들은 시장을 돌아다니면서 물건 파는 방법을 배웠어.

그렇게 몇 년이 지난 뒤, 김씨 아들은 자신이 만든 신발을 한 켤레에 1냥씩 받고 박씨 아들에게 팔았고, 박씨 아들은 그 신발을 사람들에게 2냥에 되팔았어. 앉은 자리에서 1냥을 손에 쥔 셈이지. 정말 재주는 곰이 부리고 돈은 장사꾼이 번 꼴이지?

도둑놈 심보도 통하게 해

적게 일하고도 돈을 많이 벌 수 있다면 얼마나 좋을까? 도둑놈 심보라고? 그런데 그런 도둑놈 심보도 공부하면 통하게 된단다.

세상의 직업을 크게 '블루칼라'와 '화이트칼라'로 나누곤 해. 블루칼라는 보통 육체노동에 종사하는 사람을, 화이트칼라는 사무직에 종사하는 사람을 가리키지.

그런데 요즘은 '골드칼라'라는 새로운 용어가 등장했어. 황금처럼 반짝반짝 기발한 아이디어와 창의적 사고로 '자신만이 할 수 있는 일'을 하는 사람들, 예를 들면 프로그래머, 프리랜서 기획자, 소설가, 콘텐트 작가 같은 사람들을 가리키지.

골드칼라가 다른 칼라들과 구분되는 가장 큰 특징은, 기존 칼라들의 수익이 대체로 시간에 비례한다면, 골드칼라는 시간이 아니라 결과물의 품질에 따라 정해진다는 점에 있어.

예를 들어 영화 감독 스티븐 스필버그가 자신만의 독창성을 발휘하여 영화를 잘 만들면, 들인 시간에 관계없이 그에게 돌아오는 이익은 상상을 초월하게 돼.

자신의 가치를 높이는 일이야

집을 지으려면 설계하는 사람과 시공하는 사람이 필요해. 설계는 설계 전문가가 책상에 앉아서 그려내고, 벽돌과 철근을 나르며 집을 짓는 시공은 시공하는 사람들이 하지.

둘 다 중요한 일이기는 하지만, 책상에 앉아서 하는 일보다는 현장에서 직접 벽돌을 나르는 일이 육체적으로 훨씬 힘들 뿐만 아니라, 받는 보수에도 큰 차이가 난단다.

또 집과 관련된 편리한 시스템을 개발한 사람은 더 이상 일을 하지 않아도, 앉아서 많은 돈을 벌어들인단다. 언뜻 보기에 불합리한 것 같지만, 일의 중요성이라든지 전문성에 따라 보수에 차이가 나는 것은 당연해.

공부는 가능성을 높이는 일이야. 다른 사람들이 쉽게 내놓을 수 없는 자신만의 재능과 기술을 갖춘다면 그 만큼 좋은 직장을 구할 수 있고, 보수 또한 괜찮게 받을 수 있어.

높은 보수와 큰 보람을 주는 직업을 구해서 당당하게 살아가기를 원한다면 그 만큼의 노력을 해야 해. 세상에 공짜란 없는 법이니까.

중요한 기회를 잡을 수 있어

　뉴욕 메트로폴리탄 극장에서는 베르디의 오페라 '리골레토' 공연이 한창이었어. 그런데 객석에 앉아 오페라를 보고 있던 신영옥을 조감독이 불렀어.

　'한창 공연 중에 무슨 일이지?'

　신영옥은 의아하게 생각하며 조감독에게 갔지.

　어느덧 무대에는 2막이 올랐어. 그런데 주인공 '질다' 역을 맡은 소프라노가 바뀌었어. 신영옥으로 말이야. 질다 역을 맡은 소프라노가 몸이 아파 1막밖에 공연을 할 수 없었거든.

　그동안 신영옥은 무대 아래에서 선배가 노래하는 모습을 바라보며 수없이 연습했어. 그래서 이미 모든 곡을 다 외우고 있었지.

　그날 공연은 최고였어. 아름답고 슬픈 질다 역을 잘 소화해 낸 신영옥은 이후 질다 역을 계속해서 맡았고, 마지막 공연은 미국뿐만 아니라 프랑스와 독일, 이탈리아 등으로 생중계되었단다. 소프라노 신영옥을 전 세계에 알리는 순간이었지.

기회는 모든 사람에게 똑같이 찾아와

'앞머리는 숱이 많고 뒷머리는 대머리이며 발에는 날개가 달린 동상'이 있단다. 그 동상 아래에는 이런 내용이 새겨져 있지.

"앞머리가 무성한 것은 사람들이 나를 보았을 때 쉽게 붙잡을 수 있게 하기 위함이고, 뒷머리가 대머리인 것은 내가 한번 지나가면 사람들이 다시는 나를 붙잡지 못하도록 하기 위함이며, 발에 날개가 달린 것은 최대한 빨리 사라지기 위함이다."

이 동상의 이름이 무엇인지 아니? 바로 '기회'란다.

사람에게는 평생 3번의 기회가 찾아온다고 해. 그 기회를 잘 잡는 사람이 성공한다고도 하고…….

기회는 모든 사람에게 똑같이 찾아온단다. 하지만 모든 사람들이 그 기회를 잡는 것은 아니야.

언뜻 보기에 신영옥이 운이 좋았던 것 같지만, 평소에 연습을 해 두지 않았더라면 그 기회를 잡을 수 있었을까?

기회는 준비된 사람만이 잡을 수 있는 거야. 행운은 준비가 기회를 만나는 지점이란다. 그러니 기회든 행운이든 잡으려면 늘 준비를 하고 있어야 해.

공부는 기회를 낳는 황금 거위야

목수가 연장을 제대로 다루지 못하면 집을 제대로 지을 수 있을까? 어부가 바다에 대해 모르면 만선은 꿈도 못 꾸겠지.

마찬가지로 지금 공부를 하지 않으면 기회가 주어져도 제대로 잡지 못하게 될 거야. 그리고 그 기회를 잡을 수 있는 행운 역시 공부한 사람 눈에만 보인단다.

기회를 잘 잡은 사람은 하는 일이 즐겁기 마련이야. 성공을 기대할 수 있으니까. 마음이 즐거우니 스트레스도 덜 받을 테고, 또다른 발전을 위해 노력하게 되지.

한 단계 성장한 사람에게는 또다른 기회가 찾아온단다. 한 단계 올라서서 보면 기회는 첫 번째보다 더 쉽게 보이거든.

반면에 기회를 놓친 사람은 늘 불평불만에 차 있기가 쉬워. 기회를 놓쳤으니 늘 똑같은 생활과 수준이 짜증날 테고, 그러다 보니 자연히 얼굴은 일그러지고 모든 일에 부정적이며 작은 일에도 스트레스를 받게 되지.

공부는 기회를 낳는 황금 거위야. 무슨 일이 있어도 공부를 게을리하거나 포기해서는 안 돼.

세상에 이름을 떨칠 수 있어

"수진, 이번 콩쿠르에 나가도록 해라."

교장 선생님 말씀에 수진은 가슴이 뛰었어. 발레를 늦게 시작한 데다가 먼 나라로 유학을 와서 보니 외국 학생들과의 수준 차이가 너무 엄청나서 콩쿠르는 상상조차 못하고 있었기 때문이지. 그래도 수진은 욕심이 났어.

'실력 차이를 줄이는 방법은 오로지 연습밖에 없어!'

수진은 다들 잠들 때까지 기다렸다가 기숙사에서 나와 연습실로 향했어. 그리고 새벽까지 연습했어. 그 결과 수진은 스위스 로잔 콩쿠르에서 동양인 최초로 1위를 했어. 바로 슈투트가르트의 수석 발레리나 강수진의 이야기야.

하루도 연습을 게을리하지 않은 강수진은 현재 슈투트가르트에서 최고 유명 인사일 뿐만 아니라, 세계적인 발레리나로 이름을 떨치고 있단다. 강수진이라는 이름을 붙인 '난'이 있다고 하니, 그 명성이 어느 정도인지 상상이 가지?

명예는 각고의 노력 끝에 얻을 수 있어

국내뿐 아니라 국제무대의 전공 분야에서 훌륭한 결실을 거두면 자연스럽게 국위를 선양하게 된단다. 많은 사람에게 꿈과 희망을 주고, 또 자신은 다른 사람들에게 존경을 받고 명예도 얻을 수 있어.

명예는 지식과 마찬가지로 영원히 사라지지 않는 재산이야. 그런 명예는 돈으로 따질 수 없는 가치 있는 것이지.

명예를 얻기 위해서는 각고의 노력이 필요해. 타고난 머리와 재능으로 얻는다고 생각할지 모르지만, 과정을 보지 않고 결과만 보기 때문에 그런 오해를 하는 거야.

'정 트리오'라 불리는 세계적인 음악가 가족인 정명훈, 정경화, 정명화는 어렸을 때 밥 먹는 시간도 아까워 김밥을 먹으면서 음악 공부를 했어. 세계적인 축구 선수인 박지성은 초등학생 때부터 꿈을 키웠고, 그 자리에 오르기까지 얼마나 혹독하고 힘든 훈련을 했는지 발이 흉하게 변해 버렸지.

남들과 똑같아서는 절대 명예를 얻을 수 없어. 사람들이 누군가를 존경하고 칭찬하는 것은 그들이 자신보다 뛰어나서란다.

자신뿐만 아니라 나라의 힘도 키울 수 있어

때로 명예는 나라 밖에서도 힘을 발휘한단다. 정치가나 과학자, 예술가, 운동 선수가 훌륭한 업적을 쌓아 우리나라의 이름을 드높이는 경우를 봤을 거야.

강수진이 개인의 명예를 위해 발레를 열심히 했을지는 모르지만, 결과적으로 세계에 한국인과 한국을 널리 알리고 있잖니?

나라 밖에서 명예를 얻는 것이 왜 중요한가 하면, 국제 사회는 힘이 지배하는 사회이기 때문이야. 힘이 없으면 나라의 이익을 주장할 수 없고 강대국의 눈치만 봐야 하거든.

물론 꼭 노벨상을 타거나 국제 대회에서 금메달을 따야만 나라에 도움을 주는 것은 아니야. 국민 한 사람 한 사람 모두가 자신의 위치에서 최선을 다하면 나라의 힘은 커지기 마련이지.

그 힘을 위한 최고의 노력이 바로 공부란다. 그렇게 우리나라의 명예를 드높이는 것 역시 네가 할 수 있는 일이야.

꿈을 이루기 위한 공부가 단순히 자기 자신만을 위한 일로 끝나지 않고 나라에 기여하는 지름길도 된다는 점을 명심하렴. 또 그런 사람이 역사를 이루고 역사를 바꾸어가는 것이란다.

인생은 늘 배워야 하기 때문이야

옛날에 한 정승이 마루에서 낮잠을 자고 있다가 이상한 느낌이 들어 눈을 떴어. 그랬더니 눈앞에 커다란 구렁이가 혀를 날름거리고 있지 않겠니? 정승은 깜짝 놀라 소리도 못 지르고 있었지.

그때 마당에서 놀던 손자가 그 모습을 보았어.

'빨리 어른들을 불러서 이 구렁이를 쫓아 줬으면 좋겠는데.'

그러면서 정승은 말은 못하고 간절한 눈빛만 보내고 있었지. 그런데 손자는 할아버지를 물끄러미 쳐다보고는 뒤뜰로 가 버리는 거야. 정승은 '이젠 틀렸구나!' 생각했지.

그런데 뒤뜰에서 나온 손자 손에는 개구리 몇 마리가 들려 있었어. 손자는 마당에 개구리를 풀어놓았지. 그랬더니 구렁이가 개구리를 쫓아 마당으로 스르르 기어 내려왔단다. 그 덕분에 정승은 큰 화를 모면할 수 있었지.

인생의 즐거움을 얻을 수 있어

만약 손자가 어른들을 불러왔다면 한바탕 큰 난리가 났을 거야. 그런데 손자가 개구리 몇 마리로 구렁이를 내쫓았으니, 얼마나 지혜롭니? 아마 정승은 어린 손자에게 지혜를 배웠을 거야.

유대인의 격언에 '20년 배운 것도 배우기를 그만두면 2년 안에 모두 잊어버린다.'라는 말이 있어. 공부를 계속하지 않으면 그때부터 성장하지 못하고 후퇴만 할 뿐이야. 후퇴만 하는 사람에게 성공이란 있을 수 없겠지.

지금까지 네가 배운 것은 앞으로 배우게 될 것에 비하면 새 발의 피도 안 돼. 중학교, 고등학교로 갈수록 공부의 양은 더욱 늘어나고 난도는 더욱 높아지지.

앞으로 중·고등학교를 비롯해 대학까지 적어도 10년은 꼬박 책과 씨름해야 해. '어떡하면 공부를 안 하고 성공할 수 있을까?' 하고 꼼수를 찾고 있다면 일찍 포기하는 게 좋아. 냉정하게 말해 공부를 하지 않고는 결코 사회에서 살아남을 수 없어.

인생은 학교라고 해. 수업을 못 따라가면 학교생활이 즐겁지 못하듯이, 인생 역시 배우지 않고는 즐거움을 얻을 수 없단다.

지혜와 능력을 가질 수 있어

현대 사회는 아주 빠르게 변화하고 있어. 그 속에서 살아남으려면 남들보다 좋은 정보를 많이 가지고 있어야 해. 그렇다면 정보는 어디서 얻을까?

우리는 수많은 정보의 홍수 속에서 살고 있어. 필요한 정보를 얻는 데도 그리 오랜 시간이 걸리지도 않아.

그런데 정보를 많이 가지고 있다고 해서 다 좋은 것은 아니야. 정보의 양보다는 질이 문제라는 뜻이야. 잘못된 정보 때문에 큰 낭패를 볼 수도 있으니까.

누가 얼마나 빠르고 정확하게 많은 정보를 내 것으로 만들고, 그것을 어떻게 활용하느냐에 따라 성공과 실패가 판가름난단다.

사람들은 더 나은 사회를 원해. 그리고 발전하는 사회를 이끌어 줄 사람을 필요로 하지. 따라서 끊임없이 지혜와 능력을 키울 수 있는 교육을 받아야 하고, 그것을 가치 있게 사용해야 해.

지금 학교에서 배우는 내용이 그리 대단하지 않게 보일 수도 있겠지만, 앞으로 사회의 한 일원으로 살아가기 위해 자신을 키우는 첫걸음이라는 것을 잊지 말렴.

부모님께 효도할 수 있어

　한석봉은 어려서 아버지를 여의고 홀어머니 밑에서 몹시 가난하게 자랐어. 어느 날, 한석봉은 자기에게만 밥상을 들여 주고 어머니는 숭늉으로 때우는 것을 보았지.

　'내가 쓸 종이와 먹을 사기 위해 어머니가 굶고 계시다니. 이제부터 종이를 아껴 써서 어머님께 효도해야지.'

　한석봉은 며칠 동안 땅바닥과 마른 모랫바닥에 글씨 연습을 했단다. 그렇게 아껴 모은 종이를 내보이며 어머니에게 말했지.

　"어머니, 당분간 종이를 안 사 주셔도 됩니다."

　그러자 어머니는 엄한 얼굴로 말했어.

　"어미의 고생을 안타까워하는 네 마음은 잘 알겠다. 그러나 너는 참다운 효도가 무엇인지 모르고 있구나. 그것은 하루빨리 학문을 완성하고 명필이 되는 것이다. 그러니 너에게 종이와 먹을 사다 주는 일은 어미에게는 기쁨이요, 즐거움이다."

　그 말을 들은 한석봉은 글공부를 더욱 열심히 했다고 해.

효도는 부모의 마음을 헤아리는 거야

부모님은 남들에게 자식 자랑을 할 때 가장 큰 기쁨을 느낀단다. 부모님은 자신보다 자식이 어떤 사람인가를 더 중요하게 생각해. 아무리 자신이 성공하고 출세를 했더라도 자식이 잘못되면 행복하지 않지. 반대로 자식이 성공하고 출세하면 자신은 아무리 힘들어도 행복하고 즐겁단다.

너는 부모님에게 '피로 회복제'와 같아. 밖에서 아무리 힘들고 어려운 일이 있었더라도 네가 제 할 일을 잘하고 있으면 그것만으로도 큰 위안을 받지. 그러나 네가 게으르거나 성적이 나쁘면 밖에서 아무리 기분좋은 일이 있더라도 기운이 쭉 빠진단다. 당연히 너에게 화도 내고 심한 소리도 하게 될 거야.

그러나 그 모든 것이 진심이 아니라는 것을 헤아리렴. 내 소중한 자식이 바른 길로 가길 바라는, 사랑의 마음일 뿐이니까. 아무런 조건 없이, 그저 세상에 존재하는 것만으로도 고맙고 사랑을 느끼는 것이 자식에 대한 부모님의 마음이란다.

효도라는 것이 다른 게 아니야. 바로 자신이 맡은 일을 잘하면 돼. 학생이라면 공부를 열심히 하는 것이 큰 효도란다.

공부해야 하는 이유를 찾아봐!

나의 위대한 꿈은 _____ 이(가) 되는 거야.
꿈을 이루기 위해서 난 다짐했어.

1. -

2. -

3. -

4. -

5. -

아마 처음부터 모두 잘할 수는 없을 거야.
그래도 포기하지 않고 끝까지 할 거야.

난 _____ 꿈을 가진 _____ 니까.
난 할 수 있어! _____ 야, 힘내!

제2장

우등생들은 어떤 공부 습관을 갖고 있을까?

자신과의 약속은 꼭 지켜

굵은 비가 세차게 내리던 어느 날 저녁, 원숭이와 두더지가 큰 나무 밑에 앉아 벌벌 떨고 있었어.

"으~ 춥다! 따뜻한 집이 있으면 얼마나 좋을까?"

"그러게. 우리 내일은 따뜻한 보금자리를 만들자."

이튿날 비가 개자 원숭이는 나무 위에서 몸을 말렸고, 두더지는 나무뿌리 근처에 누워 햇볕을 쬐었어.

한참을 그렇게 있다 보니 꼭 보금자리가 필요할까 싶어지지 뭐야. 원숭이와 두더지는 다음에 보금자리를 만들기로 했어.

그런데 그날 저녁에 또 비가 내린 거야. 원숭이와 두더지는 또 나무 밑에서 벌벌 떨면서 말했어.

"에취~! 내일은 무슨 일이 있어도 꼭 집을 지어야겠어."

하지만 다음 날 비가 개자 또다시 집짓기를 내일로 미루었어.

그런 일이 매일 반복되었고, 원숭이와 두더지는 여전히 나무 밑에서 몸을 떨며 비를 피했단다.

실천이 따르지 않는 계획은 무의미해

계획을 아무리 잘 세웠다 해도 실천하지 않으면 아무 소용이 없어. '구슬이 서 말이라도 꿰어야 보배'라는 속담처럼 말이야.

누구나 공부 잘하는 아이들을 부러워하고, 그들만의 공부 비법이 무엇인지 궁금해할 거야.

공부의 왕도는 따로 없지만, 그래도 정상으로 가는 길은 반드시 있어. 자신의 성격이나 취향, 환경에 따라 수십, 수백 가지가 있을 수 있지.

그 많은 방법 가운데 공통된 것이 있으니, 그건 바로 '실천'이야. 일단 계획을 세우고 자신과 약속을 했다면 무슨 일이 있더라도 실천에 옮기는 사람이 당연히 성적도 좋겠지.

피곤하니까, 손님이 오셨으니까, 어제 공부를 많이 했으니까 이런 식으로 핑계를 대기 시작하면 애써 세운 계획은 무용지물이 될 수밖에 없어.

계획을 세웠다는 것은 자신과 약속이 하나 더 생긴 것과 같아. 다른 사람과의 약속도 중요하지만, 자신과의 약속도 중요해. 약속을 지키느냐, 안 지키느냐에 따라 성적이 좌우될 테니까.

공부 잘하는 아이들은 구슬을 보배로 만들 줄 안단다. 그들은 더 좋은 참고서와 특별한 계획으로 일등을 하는 것이 아니라, 자기 자신과 한 약속을 반드시 지킴으로써 일등을 하는 것을 알아야 해.

공부는 오롯이 자신의 몫이야. 내가 계획만 세우면 공부는 다른 사람이 해 주는 것이 아니야.

우등생들은 자신에게 매우 엄격해. 자신에게 강한 사람일수록 더 훌륭한 결과를 얻을 수 있다는 점을 명심하렴.

'나는 할 수 있다.'는 믿음이 있어

"인간은 절대 1마일(1.6km)을 4분 안에 달릴 수 없다."

1950년까지 이 말은 진리나 다름없었는데, '로저 베니스터'라는 영국 선수는 늘 이렇게 생각했어.

"기록을 깨지 못하는 것은 내 마음 탓이야. 절대 1마일을 4분 안에 달릴 수 없다는 내 마음이 속도를 못 내게 하는 거야. 믿자! 나 자신을 믿자! 할 수 있어, 할 수 있다고!"

로저 베니스터는 체계적인 훈련을 하면서 상상 훈련도 했단다. 1마일을 4분 안에 돌파해 관중의 환호와 기자들의 플래시 세례를 받는 모습을 하루에도 수십 번씩 마음속에 그리곤 했지. 그리고 1954년, 마침내 로저 베니스터는 3분 59초라는 기록으로 마의 4분 벽을 깼단다.

할 수 있다는 마음이 중요해

로저 베니스터가 기록을 깬 후 더욱 놀라운 일이 벌어졌어. 1년 동안 무려 37명이나 되는 선수들이 4분 벽을 깬 거야. 불가능하다고 여겨졌던 벽이 허물어지자 마음의 벽까지 허물어져서 많은 선수가 좋은 기록을 낼 수 있었던 거지.

우등생과 열등생을 보면 그 마음가짐부터가 달라. 우등생이 만점을 받기 위해 공부를 한다면, 열등생은 그저 시험을 잘 보기 위해 공부를 하지.

최고가 되기 위해서는 최고의 목표를 세워야 해. 목표 없이 그저 열심히만 한다고 일등을 할 수 있는 것은 아니야. 자신이 진심으로 바라지 않는 것은 이루기 어려운 법이지.

"내가 일등을 할 수 있을까?" 하는 의심도 버려. 내게는 일등이 어울린다고 생각하는 것, 그것이 일등을 하기 위한 자세이고 시작이니까 말이야.

목표를 세울 때는 스스로를 엄하게 대하는 것이 좋아. 90점을 목표로 하면 90점 받을 만큼만 하고, 100점을 목표로 하면 100점 받을 만큼 하게 되니까 말이야.

자신이 할 수 있는 계획을 세워야 해

만점을 받으려면 공부할 때도 빈틈이 없게 해야 하지. 하지만 '한두 개 틀리지 뭐.' 하고 마음먹으면 공부하는 자세도 느긋해지기 마련이야.

특히 시험을 앞두고는 확실한 목표를 세우는 것이 중요해. 목표가 있으면 욕심이 생기기 마련이거든.

그렇다고 무조건 일등하는 아이의 계획표를 베낀다고 일등을 할 수 있는 것은 아니야. 자신이 할 수 있는 계획이어야지.

처음부터 너무 무리하게 하루에 몇 시간씩 공부만 하겠다는 것은 좋은 계획이 아니야. 계획을 세울 때는 자신에게 맞게 세워야 해. 무리하게 세운 계획은 못 지킬 것이 뻔하고, 그러면서 '역시 나는 안 돼!' 하고 좌절하겠지.

공부는 여행과 같아. 여행을 떠나기 전에 철저하게 준비하지 않으면 무의미한 여행이 되기 쉬워. 공부 역시 분명한 목표와 계획이 서 있어야 그 만큼 성공할 가능성도 높아진단다.

언제나 기본에 충실해

    새들의 나라에서 뽐내기 대회가 열렸어. 마을에 사는 수탉도 참가 신청을 했어. 그런데 막상 대회 날짜가 다가오니까 걱정이 되는 거야. 평소에 털 관리를 제대로 안 해서 꼴이 우스웠거든.

    수탉은 고민 끝에 마을을 돌아다니며 멋진 수탉의 깃털을 모았어. 그리고 자신의 깃털을 뽑아내고 멋진 깃털을 달았지. 수탉은 점점 멋지고 늠름한 모습으로 변해 갔어.

    그런데 깃털이 워낙 많다 보니 슬슬 꾀가 나기 시작한 거야.

    "아이고, 힘들어. 이걸 언제 한담? 그래, 잠깐인데 뭐."

    수탉은 깃털을 대강 실로 엮었어. 매듭도 짓지 않고 대강대강 끼워 넣었지. 드디어 대횟날이 되었어. 수탉은 다른 새들 앞에서 멋진 깃털을 뽐냈고, 다른 새들도 수탉의 깃털에 감탄했지.

    그런데 대회가 끝나갈 무렵 세찬 바람이 불었어. 그 바람에 깃털들이 휙 날아가 버려 수탉은 그야말로 꽁지 빠진 꼴이 되었지. 수탉은 그제야 매듭만 잘 지었더라면 하고 후회했어.

우등생들은 기초가 튼튼해

기본에 충실하지 않고 한번에 큰 성과를 얻을 수는 없어. 건물을 제대로 지으려면 기초 공사가 튼실해야 하는 것과 같아.

공부는 하루아침에 이루어지는 것이 아니란다. 집을 짓듯이, 마라톤을 하듯이 꾸준히 정성을 들여야 해.

우등생들에게 공부를 어떻게 하느냐고 물으면 대부분 '교과서를 중심으로 공부하고 수업 시간에 집중한다.'고 말해. 거짓말 같지만 사실이란다.

교과서와 수업 시간은 가장 기본이 되는 동시에 가장 중요한 것이기도 해. 우등생이라고 해서 무슨 특별한 비법이 따로 있는 게 아니란다.

'하나를 보면 열을 안다.'라는 말처럼, 우등생이 무슨 일이든 잘하는 것은 그만큼 기본에 충실하기 때문이야.

기본 중에 기본은 건강이야

공부를 잘하기 위해 꾸준히 정성을 들이기 위해서는 무엇보다 건강이 제일 중요해. 무슨 일이든 건강하지 않으면 즐길 수 없단다. 건강하지 않으면 모든 일이 힘들고 짜증스럽지. 당연히 모든 일에 능률이 오르지도 않을 거야.

건강을 지키기 위해서는 우선 규칙적인 생활을 해야 해. 운동도 꾸준히 해야 하고. 건강은 건강할 때 지켜야 한단다.

또 음식도 골고루 섭취해야 해. 편식하면 키도 잘 자라지 않고 비만해지기 쉬워. 또 두뇌 발달에도 좋지 않지. 특히 너처럼 한창 자랄 나이 때는 골고루 먹는 것이 좋단다.

머리가 좋아지려면 아침을 반드시 먹어야 해. 뇌는 산소와 영양을 필요로 하는 기관이야. 뇌가 활발하게 움직이려면 충분한 에너지가 필요하기 때문에 아침을 꼭 챙겨 먹도록 하렴.

두 번 실수는 안 해

　2004년 아테네 올림픽 남자 자유형 400미터 예선전이 열리고 있는 수영장에 유독 까만 소년이 있었어.

　'최연소 국가대표의 실력을 보여 주겠어!'

　중학교 3학년인 소년은 이를 악물고 출발 신호를 기다리고 있었어. 신호가 울리자 소년은 재빨리 출발했어. 그런데 그 신호는 출발 신호가 아니라 준비 신호였어. 너무 긴장한 나머지 부정 출발을 한 거야. 소년은 그대로 실격 처리됐고 경기를 펼치지도 못했어. 소년은 화장실에 숨어 2시간 동안 눈물을 흘렸어.

　그런 소년이 3년 뒤, 멜버른 세계수영선수권대회에서 금메달을 땄단다. 그것도 스타트를 가장 빨리해서 말이야. 아테네 올림픽에서의 실수를 거울삼아 스타트 연습을 꾸준히 한 결과였지.

　소년은 2006년 도하 아시안게임에서 3관왕에 올라 대회 MVP가 되었고, 2008년 베이징 올림픽에서는 400미터와 200미터에서 각각 금메달과 은메달을 땄어. 이 소년이 박태환 선수야.

실수는 한번이면 족해

시험을 보고 나서 우등생과 열등생이 보이는 차이점을 아니? 열등생은 시험지를 버리지만, 우등생은 버리지 않는다는 점이야.

우등생은 틀린 문제에서도 배울 점을 찾는단다. 왜 틀렸는지 확인하고 실수하기 쉬운 길을 발견해 내지. 그리고 두 번 다시 그 길로 가지 않아.

하지만 열등생은 틀린 문제를 다시는 보고 싶어하지 않아. 그러니 틀린 문제를 계속 틀리게 된단다.

문제 풀이는 자신이 무엇을 알고 무엇을 모르는지 확인할 수 있는 가장 좋은 방법이야. 아무리 교과서를 외우고 참고서를 외워도 시험 문제는 그대로 나오지 않아. 단순 지식을 묻는 것이 아니기 때문에 응용문제가 나오면 헤매게 되지.

틀린 문제를 확인하면 보충해야 할 부분이 어디인지 알게 되고, 그 문제에 대한 내용은 쉽게 잊지 않게 된단다.

오답 노트로 실수를 줄일 수 있어

틀린 문제를 정리한 것을 '오답 노트'라고 해. 오답 노트라고 해서 꼭 틀린 문제만 정리하라는 것은 아니야. 맞히기는 했지만 틀리기 쉽다고 생각한 문제도 정리할 수 있어.

오답 노트에는 문제를 다 쓰기보다는 틀린 이유나 헷갈린 이유 정도만을 적는게 좋아. 이때 나만의 기호를 사용해 전혀 모르는 문제, 맞히기는 했지만 이해가 잘 안 되는 문제 등으로 나누어 표시하면 나중에 마지막 정리할 때 딱 좋겠지.

긴 지문이나 그래프가 나온 문제는 옮겨적지 말고 오려서 노트에 붙이는 게 좋아. 수학은 풀이 과정을 다 쓰고, 실수한 부분이나 잘 몰랐던 부분을 체크하는 것이 좋단다.

아직은 오답 노트의 필요성을 잘 못 느낄 수도 있어. 그러나 지금은 공부 습관을 들이는 게 중요하단다.

중학교나 고등학교에 가서 잘하면 되겠지 하는 마음은 버리렴. 습관이란 평소에 잘 길들여 놓지 않으면 나중에 아주 힘든 '일'이 되고 만단다.

모든 일에 '왜?'라는 물음표를 달아

"으~ 이게 뭐야?"

스펜서는 주머니에 손을 넣었다가 끈적끈적한 느낌에 얼굴을 찌푸렸어. 정신없이 일하느라 끼니를 놓쳐 사탕을 먹으려던 참이었거든. 문득 스펜서는 이상한 생각이 들었어.

"주변에 열이 나는 것도 없는데 설마 내 체온 때문에 사탕이 녹았을 리는 없고……."

스펜서는 그 이유를 곰곰이 생각해 보았어. 그때 스펜서 눈에 들어온 것이 있었어. 바로 전자관이었지.

스펜서는 다음 날 간식으로 싸 온 옥수수를 전자관 가까이 대 보았어. 그랬더니 팝콘이 튀겨졌단다. 전자관에서 나오는 마이크로파가 음식을 빠르게 익힌다는 걸 알아낸 스펜서는 여러 실험을 거쳐 1945년 특허를 내고 제품을 팔기 시작했어.

그게 바로 전자레인지야.

공부는 호기심에서 시작돼

만약 스펜서가 끈적끈적한 손을 그냥 닦고 지나쳤다면 우리는 전자레인지를 만나지 못했을지도 몰라.

똑같은 책으로 공부하고 똑같은 견학을 다녀와도 우등생과 열등생은 차이가 난단다. 열등생은 그냥 보고 지나치지만, 우등생은 늘 '왜?'라는 물음표를 달고 다니기 때문이지.

모든 공부는 호기심에서 시작돼. 호기심은 어떤 일에 집중하게 하고 연구하게 하며 성취감까지 얻게 해. 성취감은 자신감이 되어 성장하는 데 좋은 밑거름이 되지. 게다가 스스로 터득한 지식은 남이 가르쳐 준 지식보다 훨씬 오래 남는 법이야.

호기심은 모든 학문의 기본이란다. 호기심을 제대로만 활용하면 기대 이상의 결과를 가져올 수도 있어.

아침에 해가 뜨고 밤에 달이 뜬다는 사실은 누구나 알고 있는 사실이야. 그러나 '왜?'라는 물음표는 지구의 자전과 공전 그리고 달에 대한 궁금증까지 낳았고, 그 궁금증은 마침내 우주를 향해 우주선까지 쏘게 만들었잖니? 이렇듯 작은 호기심이 훗날 훌륭한 발명품을 만들고 과학을 발전시킨단다.

호기심은 지식의 깊이를 깊게 해

그런데 단순히 호기심에서만 그치면 안 돼. 반드시 그 이유를 알아내야 하지. 호기심을 풀면 지식이 쌓이고 그 지식은 또다른 호기심을 부르게 마련이야. 그러면 또 지식이 쌓이는 과정이 되풀이되면서 아는 것이 많아지게 되지.

호기심을 해결하는 데에도 적극적인 자세가 필요해. 누가 시켜서 하는 일은 아무래도 흥이 나지 않아.

실제로 자신이 좋아서 공부한 경우가 타인의 지시로 공부했을 때보다 30% 이상 높은 효율을 보였다는 연구 결과도 있단다.

부모님이나 선생님이 공부 스케줄을 짜 주고 점수 등을 일일이 점검하면 일시적으로는 학습량이 많아질 수는 있지만 학습 효율은 떨어진단다.

억지로 외운 영어 단어는 금방 잊지만 스스로 흥미를 갖고 외운 단어는 머릿속에 오래 남고, 더 많은 단어를 외울 수 있지.

아이에게 물고기를 잡아 주지 말고 물고기 낚는 법을 가르쳐 주라는 말이 있지. 쉽게 얻은 것은 그만큼 쉽게 잃게 된단다. 공부 역시 혼자 힘으로 알아낸 것은 기억에 오래 남는 법이야.

책 속에서 길을 찾을 줄 알지

　어느 무더운 여름날, 퇴계 이황 선생은 방문을 굳게 닫고 줄곧 책만 읽고 있었어. 다른 사람들은 더위를 피해 나무그늘이나 계곡을 찾아다니기에 바쁜데 말이야. 보다 못한 친구가 말했어.

　"이보게, 독서도 좋지만, 이 무더위에 방 안에 틀어박혀 책만 보면 건강을 해치게 되네. 어디 시원한 계곡에라도 다녀오세."

　그러자 이황 선생은 조용히 웃으며 이렇게 말했어.

　"이 책을 읽노라면 가슴 속이 시원해져서 더위를 못 느끼는데 무슨 병이 생기겠는가. 이 책에는 무한한 진리가 담겨 있어서, 읽으면 읽을수록 정신이 맑아지고 기쁨이 솟아오를 뿐이네!"

　이황 선생은 어려서부터 독서를 무척 좋아했어. 게다가 무슨 책이나 읽기 시작하면 열 번이고 스무 번이고 다시 읽어서 그 책 속에 담긴 참뜻을 완전히 터득하기 전까지는 책을 놓지 않았지.

　덕분에 퇴계 이황은 주자학을 발전시키고, 마침내는 '퇴계학'이라는 새로운 학문을 정립할 수 있었단다.

독서를 통해 배경 지식을 넓혀야 해

공부 잘하는 아이들은 늘 교과서와 참고서만 보는 것 같지? 그렇지 않단다. 책을 많이 읽는 사람은, 당장은 아닐지라도 언젠가는 그 진가를 발휘하게 되어 있어.

특히 학년이 올라갈수록 공부의 양과 난도가 높아지기 때문에 그동안 쌓은 실력을 유감없이 발휘하게 되지.

배경 지식이 많을수록 공부를 잘하는 것은 당연해. 실제로 상위권 학생들은 교과서 이외에 한 달에 2~3권 정도의 책을 읽는다는 연구 결과도 있단다.

우리가 배우고 익혀야 할 지식과 교양은 아주 방대해. 집과 학교에서 모든 것을 다 배울 수는 없잖니?

그래서 다양한 책을 통해 폭넓은 지식과 교양을 쌓아야 한단다. 직접 외국에 나가지 않아도 책을 통해 그 나라의 문화와 역사를 알 수 있게 되지.

가능하면 여러 분야의 책을 읽는 것이 좋아. 그 중에서도 논리적이고 과학적인 사고력을 기를 수 있는 책을 읽으렴. 학교 공부에 직접적인 도움이 되니까 말이야.

독서는 어휘력을 키울 수 있어

어휘력이 부족하면 다양한 책을 읽는 데 한계가 있단다. 어휘력이 부족하여 무슨 말인지도 모르고 읽는다면 그것은 시간 낭비일 뿐, 아무런 도움도 안 돼. 당연히 재미도 없겠지.

그런데 이 어휘력은 신기하게도 책을 많이 읽으면 읽을수록 자연스럽게 늘어난단다. 사전의 도움을 받는 것도 좋지만, 단어가 문장에서 어떤 의미로 사용되는지 파악하며 읽는 것이 가장 좋아. 그러기 위해서는 책을 많이 읽어야 하는데, 어휘력 없이 책 읽기가 쉽지는 않아.

이렇듯 어휘력이 부족한 독서는 꼬리를 문 뱀의 꼬리처럼 계속 이어진단다. 그렇다고 꼬리를 끊어서는 안 돼. 부족할수록 더욱 많은 책을 읽어야 해. 그러다 보면 점점 어휘력도 늘어나서 점점 더 어려운 책도 읽을 수 있게 되는 거야.

또한, 독서를 하는 데 필요한 것이 집중력이야. 책만 보면 졸음이 쏟아진다거나 다른 생각에 빠져드는 사람이 있어. 만약 집중력이 떨어진다고 생각되면 책을 빨리 읽어 보렴. 책을 빨리 읽으면 집중력이 높아지니까 말이야.

하루를 25시간으로 활용해

서점에서 책을 고르고 있던 한 손님이 직원에게 물었어.

"이 책 얼마요?" "1달러입니다."

"좀 깎아 주시오."

직원은 거절했고, 손님은 사장을 불러 달라고 했지.

"사장님은 지금 인쇄소에 계십니다."

직원이 다시 정중하게 대답했지만, 손님은 막무가내로 사장을 데려오라고 했어. 사장은 하는 수 없이 인쇄소에서 하던 일을 멈추고 서점으로 달려왔어. 손님은 사장을 보자마자 말했어.

"이 책을 얼마까지 깎아 줄 수 있소?"

"1달러 25센트입니다."

사장 말에 손님은 깜짝 놀랐어. 가격을 깎아 주기는커녕 더 올렸으니까 말이야. 손님이 그 이유를 묻자 사장이 대답했어.

"손님 때문에 제가 일을 못하고 있습니다. 제 소중한 시간을 빼앗았으니 그 값까지 치르셔야지요."

시간 관리에 따라 결과가 달라져

서점 사장이 누구인지 아니? 바로 피뢰침을 발명하였고, 미국 100달러 지폐의 모델이 될 정도로 존경을 받고 있는 벤자민 프랭클린이야.

벤자민 프랭클린은 인생을 모래시계라고 생각했대. 우리가 80살까지 산다고 할 때, 1초를 모래 한 알이라고 가정하면 모래시계 안에는 25억 2,288만 개의 모래를 담을 수 있는 거야.

아주 많은 것 같지만 1시간에 무려 3,600개의 모래가 쉬지 않고 떨어지기 때문에 모래의 양은 끊임없이 줄게 되지. 시간은 이렇게 끊임없이 밑으로 흘러내리는 모래알과 같은 거야.

나폴레옹은 "불행이란 언젠가 내가 잘못 보낸 시간의 보복이다."라고 했어. 섬뜩하지? 시간은 그런 것이야. 남들과 똑같이 주어진 시간을 어떻게 활용하느냐에 따라 결과가 달라지지. 실제로 미국의 명문 대학인 프린스턴 대학의 입학국장은 지원 학생들에게 얼마나 적절히 자신의 시간을 관리했는지를 묻는단다.

시간 관리를 어떻게 했느냐에 따라 그 사람의 성적은 물론 품성까지 알아볼 수 있기 때문이라고 해.

생활 계획표로 시간 관리를 해

모든 사람에게 주어진 하루는 똑같이 24시간이야. 세상에 시간만큼 공평한 것이 또 있을까?

그런데 시간은 절대적인 것이 아니라 어떻게 관리하느냐에 따라 25시간이 될 수도 있고, 12시간이 될 수도 있단다. 가치가 달라지는 것이지.

공부를 잘하기 위해서도 시간 관리는 아주 중요해. 시간 관리를 잘하려면 생활 계획표를 짜는 게 좋아.

우선 학교나 학원 같은, 반드시 책정해야 할 시간을 정하고 나서 그 외의 시간을 적절하게 복습과 예습 등에 할애하는 거지.

그런 다음 일의 중요성에 따라 우선순위를 정하도록 하렴. 숙제, 친구들과 놀기, 취미 생활 중 어느 것을 먼저 할 것인지.

네 생활을 돌아보면 하루에 얼마나 많은 일을 해야 하는지 알게 될 거야. 종일 놀기만 하거나 공부만 하는 것이 아니니까.

이렇게 우선 순서를 정해서 차근차근 하다 보면 할 일을 잔뜩 쌓아두고 허둥대며 시간을 낭비하는 일은 없을 거야.

강한 승부욕이 있어

식당 하나를 가진 보잘것없는 노인이 있었어. 닭요리 하나는 잘했지만 그나마 가지고 있던 식당도 망해 버렸어. 이제 노인에게 남은 것은 닭요리 비법이 전부였단다.

"여기서 주저앉을 수는 없어. 나는 반드시 다시 일어날 거야."

노인은 그날부터 자신의 닭요리 비법을 사 줄 사람을 찾아다녔어. 차에서 새우잠을 자며 전국을 돌아다녔지만, 노인의 말에 귀를 기울여 주는 사람은 없었지. 그래도 노인은 포기하지 않았어.

천 번이나 넘게 거절을 당한 어느 날, 드디어 자신의 비법에 관심을 보이는 사람을 만났어.

마침내 노인의 닭요리는 미국을 넘어 전 세계로 퍼져 많은 사람의 사랑을 받게 되었단다. 그 노인이 바로 '켄터키프라이드치킨'의 개발자인 '커넬 샌더스'야.

최선을 다하는 사람에게 안 되는 일은 없어

우등생은 욕심도 많고, 또 스스로에게도 엄청 지독하게 군단다. 지독하지 않으면 최고의 자리에 오를 수 없어.

모든 조건을 다 갖춘 우등생은 없어. 또 좋은 머리와 좋은 조건을 두루 갖춘 사람만이 일등을 하는 것도 아니야. 평범한 사람이 열심히 노력해 최고의 자리에 오른 경우도 많으니까.

어린 시절 아인슈타인과 에디슨은 학교에서도 포기했고, 베토벤은 음악 선생님에게 '작곡가로서 자질이 없음.'이라는 이야기를 들었어. 전설의 농구 선수인 마이클 조던은 고등학교 때 농구부에서 탈락한 적도 있지.

그런데도 그들이 최고의 자리에 오를 수 있었던 비결은 무엇일까? 바로 정신력이야. 무슨 일이든 최선을 다하는 사람에게 안 되는 일은 없어. 최선을 다한다는 것은 자신의 한계를 넘어서는 것을 말해. 남들만큼 하는 것은 최선을 다한 것이 아니란다.

만약 다른 사람과 똑같이 시간을 투자해 공부해서 같은 결과를 얻지 못했다면 나는 그 이상을 공부해야 해. 그런 마음가짐이 없으면 일등을 할 수 없어.

우등생들의 비결은 바로 승부욕!

공부도 욕심이 있어야 잘해. 그 욕심을 승부욕이라고 하지. 승부욕이란 자신을 극복하고 다른 사람과의 경쟁에서 이기고자 하는 마음이야.

무슨 일이든 열심히 하는 우등생들의 비결이 바로 승부욕이야. 승부욕이 없으면 자신과 한 약속은 물론 시험 성적에도 별로 관심이 없어진단다.

공부에는 평가 목표와 학습 목표가 있어. 평가 목표는 공부를 통해 평가를 받고 그 평가가 곧 공부의 목적이 되지. 자기의 능력을 증명해 보이고, 자신이 얼마나 똑똑한 사람인지 드러낼 수 있게 되는 거야.

승부욕은 스스로 의욕을 가지고 있으면 긍정적인 영향을 주지만, 다른 사람에 의해 억지로 경쟁 상황에 놓이게 되면 의욕이 떨어질 수 있어.

그러니 자발적인 평가 목표를 가지고 공부에 대해 긍정적인 욕심을 내는 우등생이 되기를 바란다.

제3장

과목별

공부 이유와
공부 방법

국어 공부, 왜 해야 할까?

모든 과목의 기초가 국어야

국어는 공부해도 티가 잘 안 나는 과목이야. 게다가 우리나라 말과 글이어서 쉽다는 생각에 공부할 필요성을 별로 느끼지 못하는 과목이기도 하지.

하지만 국어만큼 기초가 중요한 과목도 없어. 국어 실력이 부족하면 무엇을 묻는지 이해하지 못해 문제를 풀지조차 못하는 경우가 생기거든.

이것은 비단 국어에만 해당하는 이야기가 아니야. 실제로 수학 문제를 풀 때 문제를 이해하지 못해서 아예 손도 못 대는 학생이 있어. 영어 지문을 읽고 해석은 하면서도 무슨 말인지 몰라 헤매는 학생도 있고.

문장의 이해력을 키워 주는 과목이 바로 국어야. 국어야말로 모든 과목의 기초라 할 수 있지.

글쓰기는 자신을 표현하는 도구야

우리는 책이나 신문, 잡지, 인터넷 등 대부분 활자를 통해 정보를 얻어. 하루가 멀다하고 쏟아져나오는 수 많은 정보 가운데 중요한 것만 간추리는 것도 쉬운 일이 아니지.

그 많은 정보를 빨리 읽고 자신에게 도움이 될 만한 것들만 추리는 능력은 경쟁력을 갖추기 위해 반드시 필요해. 이 경우에도 역시 국어의 힘이 필요하지.

또한 글쓰기는 자신을 표현하는 아주 좋은 도구야. '펜은 칼보다 강하다.'는 말처럼 논리적인 글은 사람들을 설득하고 신뢰를 얻을 수 있어. 신뢰는 많은 사람을 이끄는 리더의 기본이 되거든.

이렇듯 국어는 다른 과목을 잘할 수 있는 기초가 될 뿐만 아니라, 자신을 보다 멋지게 포장할 수 있는 수단이 되기도 한단다.

국어 공부 잘하는 방법

기초를 튼튼히 해야 하는 것은 어느 과목이나 마찬가지야. 그런데 국어는 수학이나 영어에 밀려 등한시하다가 고학년이 되어 점수가 떨어지면 그제야 허겁지겁 공부하는 경우가 많지. 문제는 국어라는 과목이 짧은 시간에 성적을 올릴 수 있는 과목이 아니라는 점이야. 그러니 지금부터 차근차근 기초를 다져 두렴.

❶ 교과서 많이 읽기

국어 공부의 첫 단계는 교과서를 많이 읽는 거야. 적어도 2~3번은 읽어야 해. 여러 번 읽다 보면 모르는 단어도 눈에 띄고 한 문장, 한 문장이 새롭게 다가올 거야. 지문뿐만 아니라, 각 단원의 제목에서 마지막 마무리 학습까지 빠짐없이 읽어야 해.

교과서는 수업 시작 전에 읽는 것이 좋아. 그러면 수업 내용이 훨씬 귀에 쏙쏙 잘 들어온단다.

❷ 직접 경험 많이 하기

국어는 다른 사람이 쓴 글을 읽거나, 스스로 글을 쓰는 과목이야. 문장을 이해하고, 표현력이 풍부한 글을 쓰려면 감성을 키우는 일이 중요해.

때때로 책이 경험을 대신해 주기도 하지만 아무래도 한계가 있지. 간접경험밖에 하지 못한 사람의 감성은 무미건조해. 아무리 책에서 아름다운 꽃에 대한 글을 많이 읽어도 직접 꽃을 보고 향기를 맡아 본 사람의 느낌과는 다를 수밖에 없어.

때문에 미술 전시회나 음악회 같은 체험학습을 통해 현장의 느낌을 생생하게 글로 표현하고, 다른 사람과 공감대를 넓히는 경험을 많이 해야 해.

❸ 문제집 풀기

자신이 교과서 내용을 얼마나 이해하고 있는지 알기 위해서는 문제집을 풀어 봐야 해. 이때 중요한 것은 문제집을 푸는 방식이야.

국어는 수학처럼 딱 떨어지는 답이 없는 경우가 많아. 따라서 문제를 풀면서 감을 익히는 것이 좋아. 국어 문제에는 긴 지문이 따라오는데, 그 지문을 다 읽다 보면 시간이 부족할 수 있어. 이것은 고학년으로 갈수록 더욱 두드러지는 문제야. 그러니 저학년 때부터 문제 푸는 습관을 잘 들여 둘 필요가 있어.

우선 문제를 보고 나서 지문을 읽는 것이 좋단다. 문제를 염두에 두고 지문을 읽으면 핵심을 더 잘 파악할 수 있지.

국어 문제 중에는 아예 답을 모르는 문제는 없을 거야. 대부분 두 개의 보기 중에서 고민하게 되지. 그러니 반드시 문제가 요구하는 바를 정확하게 파악하고 지문을 읽어 답을 찾는 연습을 하렴.

❹ 독서, 올바르게 하기

독서는 취미가 아니라 습관이야. 옛날 중국 송나라 때의 문인 구양수는 책 읽기 좋은 장소로 마상, 측상, 침상을 꼽았어. 마차, 화장실, 침실을 일컫는 말로, 주로 자투리 시간을 이용할 수 있는 곳을 뜻해.

물론 몸에 무리가 가는 자세나 눈이 나빠질 수 있는 곳에서 책을 읽으면 안 되지만, 언제 어디서든 책 읽는 습관을 들이렴.

독서는 몇 권을 읽느냐가 중요한 게 아니라, 한 권을 읽더라도 얼마나 제대로 읽느냐가 더 중요해.

단순히 줄거리 요약으로 끝나는 것이 아니라, 행간 사이를 읽을 줄 알아야 제대로 읽었다고 할 수 있어.

음식 편식이 나쁘듯이 독서 편식 또한 영양 불균형을 가져올 수 있어. 창작동화만 읽는다고 상상력이 키워지는 것이 아니고, 과학책만 읽는다고 논리력이 키워지는 것이 아니야. 장르 간의 벽을 허물고 읽어야 폭넓은 사고를 할 수 있지.

그리고 책을 읽고 난 후에는 여러 사람과 이야기를 나누어 생각의 틀을 깨고, 좀 더 넓고 깊게 이해할 수 있도록 해야 해.

⑤ 장르별로 읽는 방법이 다르다

글은 장르에 따라 읽는 방법이 달라.

논설문은 글쓴이의 주관적인 생각을 주장하는 글인 만큼 글쓴이가 말하고자 하는 것이 무엇인지 파악하는 것이 중요해. 그렇다고 글쓴이의 생각을 무조건 따라가서는 곤란해. 글이 얼마나 타당성이 있는지 의심하고 비판하는 안목을 길러야 하지.

설명문은 새로운 지식을 전달하는 글이므로 이해력이 필요하단다. 사실 아무런 보충 설명 없이 글로만 이해하기란 쉬운 일이 아니야. 그래서 책을 많이 읽어 문장을 이해하는 능력을 길러야 하는 거지. 책을 많이 읽은 사람일수록 기본 상식이 풍부해서 이해력이 빠르고, 이해력이 빠른 만큼 다양한 지식을 흡수할 수 있지.

시는 다른 장르의 글보다 극히 적은 단어로 작가 자신의 감정을 표현하는 글이야. 그러다 보니 마치 수수께끼나 암호처럼 느껴지기 쉬워. 따라서 시를 제대로 이해하려면 시인의 마음에 공감할 수 있는 능력을 키워야 해.

소설은 이야기가 있는 글이란다. 등장인물과 사건이 얽히고

설켜 전개되는 이야기를 이해하려면 이야기를 이루는 기본 요소를 잘 파악해야 해. 어떤 인물이 등장하며 갈등의 원인은 무엇인지, 사건의 배경이 되는 시대와 역사의 흐름도 파악할 줄 알아야 해. 또한 작가가 무엇에 대한 문제를 제기하고 있는지 파악하는 것도 소설을 이해하는 데 큰 도움이 될 거야.

수필 은 붓이 가는 데로 쓰는 글이란다. 그래서 비교적 쉽게 읽을 수 있다고 생각하지만, 작가의 생각이 많이 담긴 글이므로 오히려 이해하기가 더 어려운 경우도 많아.

작가의 예리한 감상이 아니면 자칫 그냥 지나치기 쉬운 일상의 이야기이므로, 작가에 대한 이해가 반드시 뒤따라야 하는 글이지.

❻ 직접 써 봐야 지은이의 마음을 알 수 있다

글쓰기는 자기 나름의 틀 위에 자신의 생각을 쓸 줄 알아야 해. 그러기 위해서는 다양한 글을 읽어 정보와 지식을 얻고 이를 토대로 글쓰기를 습관화하는 것이 중요하지.

글쓰기 연습하기에 가장 좋은 것이 독후감과 일기야. 무엇보다 일기는 날마다 쓰는 것이니 글쓰기를 습관화하는 데 아주 좋지. 그러나 일기를 오로지 쓰는 데만 의의를 두면 안 돼. 단순히 그날 있었던 일들을 나열하는 것이 아니라, 나름대로 주제를 정하고 그 주제에 걸맞은 글을 쓸 줄 알아야 하지.

때로는 재미있게 읽은 책이나 영화의 한 구절, 한 대사를 옮겨 적는 것도 좋아. 좋은 글을 흉내 내는 것도 글쓰기 훈련 방법의 하나니까 말이야.

독후감이라고 해서 반드시 길게 쓸 필요는 없단다. 부담이 크다면 처음에는 책 제목과 지은이, 출판사 등 서지 정보와 함께 책을 읽고 느낀 감상을 한 줄 정도로만 기록해도 좋아. 그러다가 그림을 그리거나 주인공에게 편지를 쓰는 형식 등으로 자연스럽게 다가가는 거야.

해리포터

　책을 읽고 그 기록을 남기지 않는 것은, 마치 좋은 풍경을 보고 사진이나 그림으로 남기지 않는 것과 같아. 자신의 느낌이나 감상을 기록해 두면 나중에 다시 그 느낌을 회상할 수 있을 뿐만 아니라, 생각의 폭과 감성의 깊이도 깊어진단다.

　또 다른 사람에게 내가 읽은 책을 소개하는 좋은 자료가 될 수도 있어.

이번에는 좀 더 깊이 있는 글쓰기를 생각해 볼까? 그건 바로 논술이야.

　논술이란 자신의 생각을 설득력 있게 풀어쓰는 글이란다. 그러므로 자신의 주장과 그 주장을 뒷받침해 줄 만한 근거가 가장 핵심이 되겠지. 주장과 근거에 설득력이 떨어지면 전체적으로 좋은 논술이라 할 수 없어.

　주장할 때는 일반인들이 공감할 수 있고, 실현 가능한 것을 주장해야 해. 황당무계한 생각이나 '~하면 좋을 것 같다'가 아니

라, '~여야 한다!' 하고 확실하게 자기 생각을 주장해야 해.

주장에 대한 근거 역시 충분해야 해. 아무리 훌륭한 주장이라 해도 근거가 부족하면 설득력이 떨어지거든.

또한 자기 생각은 없이 다른 사람이 한 말이나 자료만 인용하는 것도 피해야 하고, 근거로 제시하는 자료는 신뢰할 만한 것이어야 해.

'누구의 말에 의하면' '어떤 기관에서 조사한 바로는' '어떤 통계에 의하면'과 같이 뜬구름 잡는 식의 근거 자료는 설득력이 떨어지므로, '2008년 통계청 자료에 의하면' 식으로 확실한 자료를 제시해야 하지.

논술은 자신의 의견을 논리적으로 전달하는 글이라는 점을 잊지 말렴. 따라서 자신의 생각을 뒷받침할 수 있는 문장력과 지식을 갖추어야 멋진 글을 쓸 수 있단다.

❽ 신문 사설로 논술 공부하기

신문 사설은 논술 공부에 더없이 좋은 자료야. 이때 성향이 다른 신문 두 개 정도를 비교해 가며 읽는 것이 좋단다.

　서로 성향이 다른 신문을 보면 같은 주제에 대한 다양한 의견을 접할 수 있거든.

　다음으로, 사설의 구조를 분석해 보렴. 크게 서론, 본론, 결론으로 나누고 사설에서 주장하는 바가 무엇인지 파악하는 거야.

　신문의 사설은 주장하는 바가 뚜렷하기 때문에 내용 요약 훈련에 많은 도움이 될 거야.

　그리고 하나의 주제에 대해 서로 다른 주장을 하는 사설의 차이점을 직접 써 보고, 마지막으로 사설에 나오는 주요 개념, 용어 등을 정리하는 것도 잊지 말았으면 해.

❾ 국어 문법 익히기

국어는 우리가 늘 말하고 쓰고 읽기 때문에 웬만해서는 다 의사소통이 되지. 그런데 얼마나 바르게 말하고 쓰고 있는지 생각해 봤니? 우리는 국어 문법을 무시하는 경향이 많아.

국어 문법이란 맞춤법, 높임말과 예사말, 주어와 서술어 관계, 접속사와 부사 등을 적절하게 사용하는 것을 말해.

글의 내용이 아무리 좋아도 문법에 맞지 않거나, 단어 사용이 부자연스러우면 좋은 글이 될 수 없어.

예를 들어 볼까?

'너무'라는 부사를 아무 데나 사용하는 경향이 있어.

'너무'라는 부사는 '일정한 정도나 한계에 지나치게'라는 뜻이야. 부정적인 의미를 가지고 있지. 따라서 '너무 싫다.'는 말이 되지만, '너무 좋다.'는 어울리지 않아.

높임말도 그래.

"민수야, 선생님께서 오시래."라고 말하는 경우가 있는데, 이 표현은 옳지 않아. 누가 선생님께 가야 하는 거지? 바로 민수야. 친구인 민수에게 존댓말을 쓸 필요는 없겠지? 오라고 하신 선생님의 말씀을 존대해야 하니, 올바른 표현은 "민수야, 선생님께서 너 오라셔(오라고 하셔)."가 된단다.

실수하기 쉬운 예를 더 들어 볼게.

 예시 1 "할아버지, 나이가 얼마나 되세요?"

정답 "할아버지, 연세가 어떻게 되세요?"

이유 어른에게 나이라고 하면 안 되겠지? 나이의 높임 말인 연세를 써야 해.

나는 만화나 음악을 듣는 것을 좋아한다.

정답 나는 만화를 보거나 음악을 듣는 것을 좋아한다.

이유 음악은 듣는 것이 맞지만, 만화는 듣는 것이 아니야. 조사를 정확하게 사용하지 않으면 앞뒤 내용이 제대로 연결되지 않을 수 있단다.

성수대교가 무너진 것은 정부에게 책임이 있다.

정답 성수대교가 무너진 것은 정부에 책임이 있다.

이유 '~에게'는 사람이나 동물에 붙이는 조사야. 정부는 사람도 아니고 동물도 아니므로 '~에게'라는 조사는 사용할 수 없어.

⑩ 한자 익히기

우리나라 말의 70% 이상이 한자어로 되어 있어. 따라서 한자를 모르면 우리나라 말의 뜻을 알기가 쉽지 않지.

헷갈리기 쉬운 말도 한자를 알면 금방 이해할 수 있어. 이해가 쉬우면 외우기도 쉬운 것은 두말할 필요가 없겠지.

예를 들면, 시장에서 '활어센터'라는 말을 들어봤을 거야. 여기에서 '활어'란 무슨 뜻일까?

한자를 공부한 사람이라면 살 활(活), 고기 어(魚), 즉 '살아 있는 물고기'를 뜻한다는 것을 금방 알 수 있지.

한자를 알면 굳이 단어를 외우지 않아도 뜻을 알 수 있어. 그만큼 한자는 국어 공부에 많은 도움이 되는 글자이지.

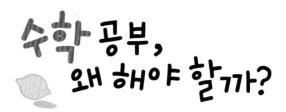

수학 공부, 왜 해야 할까?

논리적인 사고력을 키울 수 있어

흔히들 수학은 시험 볼 때 말고는 일상생활에서 쓸 데가 없다고 해. 하지만 우리가 가게에서 물건을 살 때 하는 계산도 수학이고, 엄마가 사 준 귤을 동생과 똑같이 나누어 먹을 때도 필요한 것도 수학이야. 학교에서 배우는 과목은 우리 실생활에 꼭 필요하기 때문에 배우는 거야.

수학의 출발은 철학이었어. 논리적으로 생각하고 명제를 이끌어내는 학문이었지. 다시 말하면 수학은 논리적인 생각을 키우는 데 많은 도움을 주는 과목이야. 단순히 계산만 하다 끝나는 학문이 아니라는 얘기야.

머리가 좋아지고 싶다면 더욱 열심히 해야 하는 과목이 바로 수학이야. 도전할 때마다 점점 논리적인 사고력이 커질 테니까 말이야.

존경받는 리더가 될 수 있어

우리는 누군가와 어울려 살아가지. 이때 필요한 게 이성적인 사고야. 서로의 다른 이견을 조율해야 하니까.

논리적으로 생각하고 말하는 사람은 자기주장을 명확하게 할 줄 알고, 다른 의견을 가진 사람과도 냉정하게 교섭할 수 있어.

이런 자세가 몸에 배면 누구하고든 아무 갈등 없이 대화로 풀어갈 수 있어. 그러면 주위 사람들과 좋은 관계를 유지할 수 있고 존경받는 리더가 될 수도 있지.

또한 논리적인 사고는 올바른 판단을 내리는 데 도움이 된단다. 정확하고 빠른 판단을 내리기 위해서는 주위 환경과 상황 등을 논리적으로 생각하고 종합해야 가능한 일이니까.

이제 수학은 더 이상 시험 볼 때만 필요한 과목이 아니란 걸 알겠지?

❶ 수학의 핵심은 예습과 복습

수학은 무엇보다 예습이 중요한 과목이야.

수업 시간에는 이해도 하기 전에 선생님께서 문제 풀이를 끝내는 경우가 많아. 그렇게 되면 다음 문제 풀이나 설명에도 집중할 수 없게 되고, 점점 수학에 흥미를 잃게 되겠지.

수학은 예습 없이는 수업 진도를 따라가기가 쉽지 않단다. 이미 알고 있는 문제를 푸는 데 집중이 될까 싶지만, 사람은 자신이 알고 있는 것을 확인할 때 또 다른 재미를 느낀단다.

게다가 선생님께서 질문을 하거나 문제 풀이를 시켰을 때 자신 있게 답하거나 풀면 칭찬도 받게 되고, 그러면 당연히 수학 시간이 재미있어져 더욱 집중하게 되지.

물론 예습만으로 수학 공부가 다 끝나는 것은 아니야. 복습도 해야 해. 예습이 맛보기였다면 복습은 다지는 단계야.

특히 공식이나 문제 유형에 대해 배웠다면 꼭 문제를 풀어 봐야 해. 그래야 잊어버리지 않는단다.

배운 즉시 하면 복습 시간은 그리 많이 걸리지 않아. 하지만 귀찮다고 나중에 하면 처음부터 다시 해야 하니 많은 시간이 걸리겠지. 특히 수학처럼 꼬리에 꼬리를 물고 있는 과목은 더욱 힘들어진단다.

교과서야! 수학을 잘하려면 어떻게 해야 하니?

❷ 교과서로 정리하고, 문제집 풀기

수학은 기초적인 용어의 개념과 공식을 모르면 문제조차 이해할 수 없는 경우가 많아. 그러한 개념이 잘 정리된 것이 바로 교과서야.

따라서 교과서에 나오는 기본 공식과 용어는 반드시 익히고, 단원에서 꼭 알아두어야 할 기본 문제는 빼놓지 말고 다 풀어봐야 해.

원리를 이해하는 데는 어느 참고서보다 교과서가 좋단다. 개념을 정리하고 교과서 문제를 다 풀 수 있을 때 비로소 문제집을 푸는 거야.

처음에는 비슷한 유형의 문제를 반복해서 풀어 보렴. 어느 정도 기초가 다져지고 웬만한 문제집도 풀 수 있게 되면, 한 단계 높은 문제를 풀어 보는 것이 좋아. 어려운 문제를 많이 풀수록 수학 실력이 늘어나는 법이거든. 자신의 실력보다 어려운 문제를 푸는 것은 기본 개념에 대한 응용력을 높이기 위한 것이니까 말이야.

❸ 공식 바르게 이해하기

수학에는 공식이 많이 나와. 그 공식은 초등학교 수학에만 쓰이는 것이 아니라 중학교, 고등학교 때까지 계속 이어지지.

상급학교에서 배우는 수학 공식은 새로운 것을 더 공부해야하는 것이 아니라, 초등학교 때 배운 기본 공식에 옷을 한 겹, 두 겹 더 입힌 것에 불과해.

원리를 이해하지 못하고 공식을 무조건 외우면 그 많은 수학 공식을 따로따로 외우게 돼. 사실은 모두 연결되어 있는 것인데 말이야.

그저 달달 외우기만 하면 막상 시험에서는 어느 공식을 적용해야 할지 모르게 된단다. 하지만 원리를 이해하고 공식을 외우면 암기도 잘될 뿐만 아니라, 응용문제가 나와도 당황하지 않고 풀 수 있게 되지.

예를 들어, 원의 넓이 구하는 공식을 살펴볼까?

원의 넓이를 구하는 공식은 반지름×반지름×3.14야. 그런데 왜 이런 공식이 나왔을까?

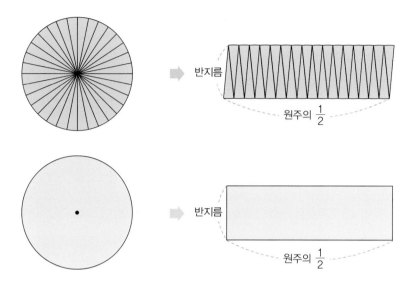

반지름

원주의 $\frac{1}{2}$

반지름

원주의 $\frac{1}{2}$

　　원을 여러 조각내고 그 조각을 위아래 엇갈려 붙이면 직사각형이 된단다. 직사각형의 넓이 구하는 공식은 가로×세로야. 그런데 그림을 보면 가로는 원주의 1/2에 해당하고, 세로는 반지름에 해당하니까 원의 넓이는 원주의 1/2×반지름이 되겠지.

　　원주의 길이는 반지름×2×3.14로 구할 수 있는데, 이 값의 반이니까 반지름×3.14면 원주의 1/2이 될 거야. 따라서 원의 넓이를 구하는 식이 반지름×반지름×3.14가 되는 거야.

　　이렇게 원의 넓이 구하는 식의 원리를 알면 직사각형의 넓이 구하는 식만으로도 원의 넓이를 구할 수 있단다.

❹ 복잡한 문제는 정리해서 풀기

저학년 때는 사칙연산으로 풀 수 있는 문제가 주를 이루고, 또 응용문제라 해도 간단하게 풀 수 있었을 거야. 대부분 계산을 실수해서 틀리는 경우가 많지.

그런데 고학년으로 올라갈수록 심한 경우 문제를 이해 못 하는 경우까지 발생한단다. 문제 자체가 길어지고, 다양한 형식의 응용문제가 나오거든.

하지만 그다지 어려워할 필요는 없어. 긴 문장의 문제가 나오면 정리를 하면 되니까 말이야.

실제 문제를 들어서 설명해 볼까?

> **문제** 넓이가 $36m^2$인 밭에 배추와 무, 고추를 심었다. 배추는 밭 전체의 5/9, 무는 그 나머지의 3/8에 심었다. 고추는 배추와 무를 심고 남은 나머지의 2/5에 심었다. 아무것도 심지 않은 밭의 넓이는 얼마인가?

아주 복잡해 보이지? 하지만 이 정도 문제에 질릴 필요는 없어. 문제가 길다 싶으면 밑줄을 긋거나 간단하게 메모를 하는 거야. 문제를 정리하면 다음과 같아.

밭의 넓이 : 36㎡
배추 : 밭의 5/9
무 : 배추를 심은 나머지의 3/8
고추 : 배추, 무를 심고 남은 나머지의 2/5
아무것도 심지 않은 밭의 넓이는?

어때 훨씬 간단하지? 그러면 직접 계산을 해 보자.

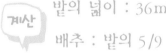
밭의 넓이 : 36㎡
배추 : 밭의 5/9
무 : 배추를 심은 나머지의 3/8
   =밭의 전체 넓이를 1이라고 봤을 때,
   $(1-5/9) \times 3/8$=밭의 1/6
고추 : 배추, 무를 심고 남은 나머지의 2/5
   =밭의 전체 넓이를 1이라고 봤을 때,

$$\{1-(5/9+1/6)\}\times2/5=밭의\ 1/9$$

아무것도 심지 않은 밭의 넓이는?

$$=밭의\ 전체\ 넓이를\ 1이라고\ 봤을\ 때,$$

$$\{1-(5/9+1/6+1/9)\}=밭의\ 1/6$$

따라서 밭의 1/6이 아무것도 심지 않은 것이지.

밭의 넓이가 36㎡였으니까 1/6의 넓이는 $36\times1/6=6㎡$,

즉 6㎡가 아무것도 심지 않은 밭의 넓이가 되는 거야.

이처럼 쉬운 문제를 미리 겁먹고 포기하면 참 아깝잖아? 문제가 복잡하다고 풀기 어려운 것은 아니야. 앞에서 했듯이 문제를 정리하면, 심지어 식을 세우지 않고도 풀 수 있어.

❺ 정답만큼 중요한 풀이 과정

수학 문제를 풀 때 가장 안타까운 경우가 언제인 줄 아니? 문제도 다 이해하고 식도 올바르게 구했는데 계산에서 실수로 틀리는 경우야.

응용문제 중에는 중간에 답을 구해서 대입하든가, 여러 과정에서 구한 답을 합산해야 하는 경우가 있어. 그런데 중간 단계의 값을 어디에 써 두었는지 못 찾거나, 자신이 쓴 숫자를 잘못 보고 계산하여 틀리는 경우가 많단다.

수학은 답을 구하는 과정 또한 매우 중요해. 문제를 풀 때 아무 데나 쓰면 계산 과정에서, 또는 옮기는 과정에서 실수할 수 있단다. 그러므로 수학 문제를 풀 때는 또박또박 잘 정리해 가며 풀어야 해.

연습장을 반으로 접어 칸을 만들어 쓰는 것도 좋은 방법이야. 그러면 계산하는 과정 어디에서 틀렸는지 바로 알 수 있고, 답을 옮겨적을 때도 실수하지 않으며, 검산하기에도 좋단다.

계산은 잘하는데 수학 실력이 별로라면, 문제의 뜻을 잘 이해하지 못한 것인 경우가 많아. 문제를 잘 풀려면 문제에서 요구하는 것이 무엇인지 잘 파악해야 하는데 말이야.

요즘 수학 시험에는 수학적 개념과 원리를 제대로 이해하고 있는지를 묻는 문제가 자주 출제된단다. 그러므로 수학 원리를 이야기로 풀어쓴, 수학 관련 책을 읽으면 도움이 될 거야.

우리 생활과 수학의 관계를 설명한 책도 좋아. 《수학 비타민》은 수학과 교수가 쓴 책인데, 문학, 음악, 미술, 건축, 식물 등 우리 주변에서 접할 수 있는 것에 숨어 있는 수학의 세계를 다양한 예를 들어가며 설명하고 있지.

이번에는 생활에서 수학 영역별로 어떻게 공부할까?

수와 식 은 수학의 기초야. 정확하고 빠르게 푸는 것이 수학의 기본이니까 말이야. 기초 계산력은 생활 속에서도 충분히 키울 수 있어. 예를 들면 용돈 기입장 말이야. 용돈 기입장을 쓰다 보면 덧셈과 뺄셈은 자연스럽게 공부하게 돼.

방정식과 부등식 은 문제의 뜻을 정확하게 파악하는 것이 중요해. 그러기 위해서는 문제를 그림이나 표로 그리는 것이 좋아. 그러면 방정식 세우기가 쉽거든.

도형 문제는 대부분 공식을 대입해야 해. 공식은 개념을 정확하게 파악하고 있어야 하지. 안 그러면 도형을 두세 가지 혼합해서 낼 때 헷갈리기 쉽단다.

또 **입체 도형**에서 도형을 자르고 그 단면을 공부하는 데 헷갈리는 사람이 많은 것 같아. 그러면 실생활에서 직접 해 보는 거야. 사과나 오렌지 같은 구 모양 과일의 단면은 어떤지, 무 같은 원기둥의 단면은 어떤지, 당근 같은 원뿔은 어떤지 각각 잘라 보렴.

세로로도 잘라 보고 가로로도 잘라 보면 교과서에서 그림으로 보는 것보다 훨씬 이해가 빠를 거야.

입체 도형의 전개도? 그것도 우리 생활에서 쉽게 찾아볼 수 있어. 육면체인 과자 상자를 뜯어 보렴. 머릿속으로 그려 본 전개도와 달리 실제로 해 보면 이해가 더 빨리 될 거야.

그 밖에 우리 일상생활에서 수학적인 개념을 자주 접하는 경우는 아주 많아. 피자를 먹으면서 **분수**를 이해할 수 있어.

아주 간단한 예로, 분수의 크기에 대한 이해는 각자 피자 조각을 몇 개 먹었는지로 알 수 있지.

예를 들어 8조각의 피자에서 2조각 먹은 사람과 3조각 먹은 사람 중 누가 더 많이 먹은 걸까? 3조각 먹은 사람이지. 이것을 분수로 표시하면 2/8 < 3/8이 돼.

분수와 짝꿍처럼 붙어 다니는 소수는 백화점 세일 때 공부하기 딱 맞아. 만 원짜리를 30% 할인하는 것과 만 오천 원짜리를 40% 할인할 때 각각 가격이 얼마가 될까?

만 원의 30%는 3천 원이니까 세일 가격은 7천 원이지. 만 오천 원의 40%는 6천 원이니까 9천 원이 되고 말이야.

공부는 쉽고 즐겁게 하는 것이 가장 좋은 방법이야. 어렵게 한다고 해서 더 좋은 성적을 받는 것은 아니거든. 즐겁게 공부하면 성적도 그만큼 좋아질 거야.

피자도 먹고 공부도 하고, 일거양득!

끄억

❼ 수학 실력 업그레이드하기

수학은 정말 정직한 과목이야. 공부한 만큼 성적이 오르는 과목이거든.

그런데 어느 지점에 도달하면 더는 성적이 오르지 않을 때가 있단다. 공부를 게을리하지 않았는데도 성적이 제자리일 때는 수준을 조금 높여 보는 것이 좋아.

자신의 실력보다 한두 단계 높은 문제집을 선택해서 풀어 보는 거야. 처음에는 문제조차 이해하지 못할 수도 있어. 그렇다고 해답을 보거나 그냥 넘어가면 안 돼. 몇 시간이 걸리든, 며칠이 걸리든 혼자 힘으로 풀고 나면 상쾌한 기분과 함께 수학에 자신이 생기지. 그러면서 수학 실력이 한 단계 올라가는 거야.

이것을 두고 '수학의 감을 잡았다.'라고 해. 일단 수학의 감을 잡으면 문제 푸는 것이 재밌어지고, 더 어려운 문제에 도전해 보고 싶은 마음도 생기게 돼.

지금 수학이 지긋지긋한 사람에게는 잘 이해가 안 되겠지? 하지만 일단 수학의 감을 잡고 재미를 붙인 사람은 아마 게임보다 수학이 더 재미있다고 할 거야.

영어 공부, 왜 해야 할까?

영어는 무한한 경쟁력이 될 수 있어

영어는 더는 시험을 보기 위한 수단이 아니야. 영어는 이제 생활이란다. 선택이 아닌 필수라는 얘기지.

학교 시험뿐만 아니라 취직을 할 때도 영어는 반드시 필요하고, 실력이 좋으면 좋은 대접을 받을 수 있어.

또한 영어는 세계에 진출하는 데 반드시 필요해. 세계 공통어인 영어를 사용하는 미국이나 영국, 호주가 아닌 다른 나라에 가서도 별 어려움 없이 지낼 수 있지.

우리나라에서 직업을 얻는다고 해도 다른 나라와 관계를 맺지 않으면 큰일을 할 수 없어. 물론 각 나라의 언어를 모두 할 줄 안다면 좋겠지만, 그건 힘들겠지.

이렇듯 영어는 무한한 경쟁력이 될 수 있기 때문에 꼭 시험만을 위해서보다는 좀 더 긴 안목에서 공부해야 하는 과목이야.

영어 공부 잘하는 방법

❶ 영어와 친해지기

우선 영어와 친해지자. 잘 몰라도 영어로 듣고 말하고 읽고 쓰면서 나름대로 영어와 접할 기회를 많이 만드는 거야.

우리 주변에 있는 상표나 간판, 영화 제목도 괜찮아. 주변을 둘러보렴. 가까이에는 과자며 음료수 이름, 아파트 이름에도 영어가 많이 사용되고 있어.

잘 알려진 비누 상표 가운데 '도브'라고 있지. 영어로는 dove, 비둘기라는 뜻이야. 팬시용품 회사인 '모닝 글로리(morning glory)'는 아침의 영광 또는 나팔꽃이라는 뜻이지.

'sold out'이라는 영화는, 아빠가 자녀에게 줄 크리스마스 선물로, 모든 상점에서 품절인 장난감을 사기 위해 좌충우돌하는 영화인데 제목의 뜻은 내용 그대로 '품절'이라는 뜻이야.

약어로 된 것도 그 어원을 찾아보면 재미있어. KT는 Korea

Telecom(한국통신), KBS는 Korean Broadcasting System(한국방송공사)
의 준말이란다.

　이렇듯 우리는 영어와 떼려야 뗄 수 없는 상황에 놓여 있는데,
어떻게 영어 공부를 게을리할 수 있겠니?

❷ 기본 단어 암기하기

영어의 기본은 말할 것도 없이 단어야. 단어는 영어라는 집을 짓는 벽돌과 같아. 그러므로 단어 외우기를 게을리하면 안 돼.

매일 새로운 단어 20개 외우는 것보다는 이미 외운 단어 10개를 지키는 것이 더 중요해. 새로운 단어를 외울 때 반드시 지금까지 외운 단어를 확인하는 작업이 필요하지.

하루에 10개씩 외우기로 했다면 일주일이면 70단어야. 월요일에 단어 암기를 시작했다면 일요일에는 70개의 단어를 다 훑어봐야 한다는 말이지. 그렇게 계속 반복해야만 단어를 완전히 내 것으로 만들 수 있어.

단어장은 직접 만드는 게 좋아. 왜냐하면 단어장을 만들면서 눈으로 보고, 손으로 쓰고, 입으로 말하게 되는데, 그러면서 귀로 듣게 되니 우리 몸의 모든 감각을 활용하는 셈이 되어 기억에 오래 남기 때문이지.

❸ 단어 외우는 요령

첫째는 단어를 나누어 외우는 거야. 우리말의 합성어나 파생어처럼 영어 단어에도 두 의미가 합해진 경우가 많거든. afternoon은 after '~후에'와 noon '정오'가 합해진 말로, 정오가 지난 후인 오후를 말해.

또 접두사, 접미사를 알아두면 편리하단다. 예를 들어 im~은 안을 뜻하고, ex~는 밖을 뜻해. 그래서 수입은 import이고, 수출은 export야.

teacher
farmer

'할 수 있다.'는 뜻인 able 앞에 dis를 붙이면 어떻게 될까? disable은 부정의 뜻을 가진 단어가 되어 '할 수 없게 만들다.'가 된단다.

단어 뒤에 ~er이 붙으면 직업을 나타내는 단어가 돼. '가르치다'는 뜻인 teach에 er이 붙으면 teacher 선생님, 농사를 뜻하는 farm 뒤에 er이 붙으면 farmer 농부 이런 식으로 말이야.

말이란 사용하지 않으면 잊어버리게 마련이야. 그러므로 절대 영어 공부만큼은 하루도 거르지 않는 것이 중요해.

❹ 단어는 문장과 함께 외워라

단어는 문장과 함께 외우는 것이 좋아. 처음 보는 단어를 무작정 외우면 잘 외워지지도 않고, 또 외웠다 하더라도 금방 잊어버리기 쉽거든.

단어장에 단어를 쓸 때 달랑 단어만 쓰지 말고 그 단어가 쓰인 문장을 같이 적는 거야. 그러면 단어도 쉽게 외워지고, 단어가 어떤 상황에서 사용되는지도 알 수 있지.

예를 들어 produce는 생산한다는 뜻이야. 단어장에 이렇게만 적지 말고 'Canada produces good wheat(캐나다는 좋은 밀을 생산해 낸다).' 식으로 적는 것이 더 도움될 거야.

❺ 영어로 말하고 듣기

단어를 많이 알고 있으면 읽기는 별로 문제가 안 돼. 하지만 말하기와 듣기 그리고 쓰기는 별도의 연습이 필요하단다.

단어를 많이 알고 있다고 해도 발음이 형편없으면 상대방이 잘 알아듣지 못해. 그러니 되도록 영어를 사용하는 원어민처럼 발음하도록 연습하렴.

영어 특유의 발음 구조에 대한 이해가 필요해. 우리말은 입 모양이 주로 동그랗게 오므린 '오'에 가깝다고 해. 그런데 영어는 입 모양을 양옆으로 길게 한 '으' 모양에 가깝다고 하지.

또 연음 법칙을 알아둬야 해. 우리말도 '밝은 달'을 읽을 때 '발근 달'이라고 하지 글자 그대로 '밝은 달'이라고 하지 않는 것처럼 영어에도 법칙이 있어.

예를 들어 give up은 '기브 업'이라고 발음하는 것보다는 '기법'이라고 발음하는 것이 좋아.

영어 발음은 영어 방송이나 팝송 그리고 영화를 보고 들으며 따라 하는 게 좋아. 정확하게 발음하기 위해서는 큰 소리로 말하는 반복 훈련이 효과적이야.

반복해서 말하면 발음도 정확해지고 듣는 귀도 뜨이게 되지. 듣기는 아무리 단어를 많이 알고 있어도 100% 이해하기 어려워. 그래서 꾸준히 연습해야 해.

영화를 볼 때 처음에는 자막을 보면서 내용을 이해하고, 그 이후에는 자막을 가리고 보도록 해 봐. 대화가 어느 정도 귀에 들어오면 눈을 감고 대사만 듣고, 나중에는 받아쓰기도 해 보고 말이야.

❻ 영어로 쓰기

듣고 말하기를 잘하는 사람도 막상 쓰기는 잘 못하는 경우가 많아. 국어도 그렇잖니? 말 잘하는 사람이 꼭 글을 잘 쓰는 것은 아니잖아. 국어도 그렇듯이 영어도 별도의 쓰기 연습이 필요해.

영어로 쓸 때 실수하기 쉬운 것이 한글 그대로를 영어로 옮기려 하는 점이야. 그러면 엉뚱한 말이 되기 쉽단다.

국어와 영어는 서로 다른 언어야. 그러니 영어 쓰기를 잘하려면 영어식 사고방식과 표현을 익혀야 해. 주로 교과서나 책에 나오는 주요 구문을 외워 활용하도록 하렴.

꾸준히 영어 일기를 쓰는 것도 좋고, 교과서나 재미있게 읽은 동화책을 외워서 그대로 옮기는 것부터 시작해도 좋아.

그리고 선생님이나 부모님께 검사를 받는 것이 좋아. 아무래도 처음에는 틀린 철자나 문법 등이 있을 수 있으니까 말이야. 언어는 습관이 되기 때문에 나중에도 틀린 문장을 그냥 쓰게 되고 고치기가 어렵단다.

❼ 영어 문법 공부하기

수준을 조금 높이면 문장이 잘 이해가 안 되거나 막히는 때가 있어. 단어를 모르는 것도 아닌데 말이지.

그건 문법의 문제야. 흔히 문법 위주로 공부해서 우리나라 사람들은 영어 회화에 약하다며 문법 자체를 부정하는 사람들이 있어. 하지만 이것은 외국어를 모르고 하는 말이야. 간단한 회화는 가능할지 모르지만, 점점 복잡한 문장을 접하다 보면 반드시 문법의 필요성을 느끼게 되지.

수학에서 공식을 제대로 이해하지 못하면 응용문제를 풀기 어렵듯이, 영어도 문법을 모르면 깊은 문장을 이해할 수 없어.

상위권 학생들이 문법 공부를 안 하는 것처럼 보일지 모르지만, 이미 그 학생들은 여러 문장 속에서 자신만의 문법 체계를 갖추고 있는 상태란다.

우리가 우리말을 배우면서 문법을 몰라도 된다는 식으로 영어를 생각해서는 곤란해.

예를 들어 'If you don't go there, I will not go there, too.'라는 문장이 있다고 치자. 그런데 이 문장은 틀린 문장이야. 문장의 뜻

은 알 거야. '만약 네가 거기에 가지 않는다면, 나도 거기에 가지 않을 거야.'

언뜻 봐서는 틀린 곳이 없는 것 같지만, 문장 끝의 too가 틀렸어. '나도'라는 뜻을 긍정문에서 쓸 때는 too가 맞아. 하지만 부정문에서는 either를 써야 해.

이렇듯 문법을 모르면 제대로 된 영어를 할 수 없어. 영어는 외국어야. 외국어를 모국어보다 짧은 시간 내에 제대로 습득하고 실력을 향상하려면 문법을 꼭 알아야 해.

❽ 여러 가지 매체로 영어 공부하기

영어는 다른 과목보다 실생활에서 사용할 기회가 많아. 그 기회를 잘만 이용하면 영어를 재미있게 공부할 수 있을 거야.

가장 쉬운 방법은 **TV** 로 하는 공부야. TV는 소리와 영상을 동시에 전달하기 때문에 언어를 배우기에 좋은 매체란다. 등장인물과 상황이 화면으로 보이니, 듣기만 하는 것보다는 이해하기가 훨씬 쉽지.

너에게 적당한 프로그램은 만화야. 비교적 단어가 쉽고 그림과 함께 진행되므로 초보자도 쉽게 따라갈 수 있어.

퀴즈 프로그램도 좋아. 퀴즈 프로그램은 유익한 정보와 영어를 동시에 익히는 일거양득의 효과를 볼 수 있단다.

비디오나 DVD 도 훌륭한 교재가 될 수 있어. 우선 영어로 된 영화나 만화 영화를 선택하렴. 처음 볼 때는 자막 없이 보는 것이 효과적이야. 처음에는 등장인물들이 무슨 이야기를 하는지 알아듣기 어렵지만, 영화가 진행될수록 단어들이 들리기 시작한단다.

인터넷 사이트 를 통해서도 영어 공부를 할 수 있어. 처음에는 적응하기 어려울 거야. 어른들처럼 인터넷 서핑은 힘들 테니, 한 가지 주제를 정해서 해당 정보 찾는 것을 목표로 삼아 보렴. 차츰차츰 영어가 친숙하게 다가올 거야.

뉴욕 타임스나 워싱턴 포스트 같은 **신문** 사이트에 들어가서 기사를 검색하는 것도 좋은 방법이야. 워낙 많은 기사를 다루고 있고 어려울 수 있어. 그때는 우리나라와 관련된 기사를 찾아 읽어 보는 게 좋겠지. Korea를 검색해서 나오는 기사만 읽는 것도 좋은 방법이란다.

쳅터 북 으로 영어에 재미를 들이는 방법도 있어. 무릇 공부는 즐겁게 해야 해. 논어에 '아는 사람은 좋아하는 사람만 못하고,

좋아하는 사람은 즐기는 사람만 못하다.'는 말이 있듯이, 영어도 즐겁게 배울 수 있다면 더 이상 좋은 학습법은 없겠지.

챕터 북은 간단한 영어 소설책으로, 분량이 적어서 이해하기도 쉽고 내용도 재미있어. 수준을 나타내는 리딩 레벨이 있어서 자기 실력에 맞는 책을 골라 읽을 수 있지. 오디오 교재를 함께 활용하면 듣기 실력도 기를 수 있어.

신문에 매일 실리는 **생활영어 칼럼**이 있는데, 상황 설정이 되어 있어서 말 그대로 생활에서 그대로 사용할 수 있는 영어야.

대화식으로 되어 있으니 가족이나 친구들과 함께 하면 더 재미있게 익힐 수 있을 거야.

❾ 영어를 영어 그대로 받아들이기

영어는 영어 그대로 받아들여야 해. 머릿속에서 영어를 우리말로 바꾼 뒤 말하거나 들으려 하면 영어 실력은 늘지 않아.

　영어를 100% 다 이해할 필요는 없어. 80%만 이해하고 넘어가도 크게 문제가 되지는 않아.

　우리말과 영어는 문장의 어순이 많이 달라. 우리말은 동사가 맨 끝에 오고 수식하는 말이 그 앞에 오지만, 영어는 주어 다음에 동사가 오고 수식하는 말은 그 뒤에 와. 따라서 영어 문장을 해석하려면 앞뒤로 몇 번을 왔다갔다 해야 해. 그러다 점점 문장이 길어지면 자신이 해석하고도 무슨 말인지 모르게 된단다.

　영어를 모국어로 쓰는 사람들이 눈을 왔다갔다하면서 읽지 않듯이, 우리도 그렇게 자연스럽고 빠르게 해석을 하려면 한 문장을 다 읽고 나서 거꾸로 해석하는 습관을 버려야 해. 그렇게 공부하면 듣기도 전혀 할 수 없게 된단다.

사회 공부, 왜 해야 할까?

미래를 내다볼 수 있는 안목이 생겨

사회는 우리가 생활하는 데 필요한 기본적인 상식들을 배우는 과목이야. 그런데 암기 과목이라 생각하고 별로 중요하게 여기지 않는 경향이 있지.

하지만 중학교, 고등학교 그리고 대학교에 가면 점점 사회가 얼마나 중요한 과목인지 깨닫게 될 거야. 왜냐하면, 가장 기본이 되는 상식으로, 이야기할 때나 글을 쓸 때 밑바탕이 되는 과목이거든.

국어가 자신을 표현하는 데 도움이 되는 과목이라면, 사회는 그 표현의 바탕이 되는 지식을 주는 과목이라고 할 수 있어.

논술을 쓰든 대화를 나누든 기본 지식 없이 자신의 생각을 주장하는 데는 한계가 있겠지. 아무리 멋진 표현을 해도 상식이 뒷받침되지 않으면 말하는 사람까지 우스워 보일 수 있어.

또 우리가 사는 사회에서 벌어지는 다양한 문제의 핵심을 정확하게 파악하는 데도 유용한 과목이야. 우리가 배움의 끝은 없다고 한 점이 바로 여기에 있지.

사회가 돌아가는 기본적인 원리, 법칙 등이 어떻게 형성되는지 이해하지 못하면 미래를 전망할 수 없어. 역사를 모르면 올바른 가치관을 세울 수 없고 앞을 내다볼 수 없어.

앞을 내다보지 못하는 사람은 발전이 없고 오직 그 자리에 머물기만 할 테니, 사회 과목 역시 등한시할 수 없겠지?

사회 공부 잘하는 방법

상급학교에 진학해서 배우는 사회 과목 내용은 전혀 새로운 내용이 아니야. 이미 초등학교 때 배운 것에 살을 붙여 좀 더 깊이 있게 배우는 거야.

초등학교 때 굵은 가지를 배웠다면 상급학교로 갈수록 잔가지를 배우게 되는 셈이지. 초등학교 때 배운 역사와 대학교 사학과에서 배우는 역사는 같아. 다만, 수준에 차이가 있을 뿐이지.

일단 뼈대가 튼실하다면 살 붙이기는 쉽단다. 이때 뼈대가 단순히 암기 수준이어서는 곤란해. 외울 것이 많은 것은 사실이지만, 이해하면서 외우지 않으면 오래 기억하기 어려워.

❶ 흐름 파악하기

사회는 교과서 내용을 먼저 파악하고 나서 사회과부도나 책 등으로 보충하는 것이 좋아. 수업 시간에 선생님 설명을 잘 들으면서 전체적인 흐름을 파악하고, 중요하다고 생각되는 내용을 공책에 정리하렴.

마지막으로 문제집을 풀면서 확실하게 알지 못했던 내용을 완전히 내 것으로 소화하는 거지.

사회는 배경 지식이 많이 필요한 과목이야. 역사 같은 경우 한 시대에 많은 나라를 외워야 하는 때도 있지. 예를 들면 삼국 시대 각 나라의 정치, 경제, 문화에 대한 것을 모두 알아야 해. 그 많은 것들을 한꺼번에 외우기는 힘들어.

교과서에 잘 정리되어 있지만 그래도 힘들다면 역사 관련 책을 읽어 보렴. 사건의 배경을 이해하고 역사의 흐름대로 이해해야 암기도 잘되고 쉽게 잊어버리지도 않아.

사건의 배경을 이해하는 데는 역시 독서만 한 것이 없단다. 교과서보다는 재미있게 서술되어 있어서 흥미를 갖기에 더 좋을 거야.

❷ 전체를 하나의 이야기로 만들기

역사든 정치든 경제든 사회 과목은 하나의 이야기야. 원인과 결과를 이야기로 연결하면서 이해해야 해. 무조건 외우면 폭넓게 생각할 수 없게 되지. 동서양의 역사를 서로 연결하여 넘나들수 있으려면 단순한 암기만으로는 부족해. 임진왜란을 예로 들어 보자.

일본이 명나라 정벌을 명분으로 내걸고 조선을 침략했어. 일본군은 세 갈래로 나뉘어 북진하기 시작해 20일 만에 한양으로 올라왔지.

일본군은 조총이라는 신식 무기로 무장했지만, 조선은 무방비 상태였어. 결국, 선조는 도성을 버리고 피난길에 올랐지.

명군의 개입과 조선군의 끈질긴 항쟁으로 후퇴하기 시작한 일본군은 명나라와 화평 교섭을 하는데 그만 틀어지고 말아.

일본군은 다시 정유재란을 일으켰어. 그러나 이때는 조선도 어느 정도 군비를 갖추고 있었기 때문에 일본군이 한양까지는 오지 못했어. 이순신이 모함을 받아 전투에 참전하지 못하고 있

다가 백의종군하여 일본군을 무찌르고 노량해전에서 전사하고
말지. 동시에 7년에 걸친 임진왜란도 끝이 났어.

이런 식으로 하나의 사건을 이야기로 꾸미는 거야. 내용이 너
무 딱딱하게 이랬음, 저랬음 하지 말고 친구나 동생에게 이야기
해 주듯 만들어 보렴.

이야기로 꾸미기 어렵다면 지도로 그려 봐. 만약 삼국 시대라
면 고구려, 백제, 신라는 어떤 상황에 있었고, 중국 및 일본과의
관계는 어떠했는지 지도를 그려 설명을 써넣는 거야.

교과서에는 중요한 사건만 나와 있어. 사건의 구체적인 배경
을 이해하려면 관련 책을 많이 읽어야 해.

신문이나 잡지, TV 등 다양한 매체와 폭넓은 독서를 통해 여
러 가지 자료를 접하고, 그렇게 축적된 수많은 정보들 가운데서
어떤 특정 문제를 해결하기 위해 필요한 자료를 끄집어낼 수 있
는 능력도 길러야 해.

❸ 뉴스와 신문으로 사회 공부하기

역사가 옛날이야기를 하고 있다면, 정치나 경제는 현재 우리가 사는 사회를 이야기하고 있다고 이해하면 될 거야. 그래서 사회 과목은 우리 생활과 아주 밀접한 관계에 놓여 있지.

뉴스와 신문을 보면 정치, 경제, 문화 부문을 이해하는 데 많은 도움이 될 거야. 전 세계를 아우르는 소식통이기 때문에 사회의 여러 분야를 공부할 수 있지.

일례로, 농수산물 가격에 대해 이야기해 보자.

김장철이 되면 배춧값에 대한 보도가 많이 나와. 배추가 얼마나 출하되었는지에 따라 가격이 오르락내리락하지. 배추를 사고자 하는 사람은 많은데 배추가 부족하다면 가격은 당연히 오르겠지. 그 반대의 경우는 내리고 말이야.

그리고 가격 담합에 대해서 배웠을 거야. 상인들끼리 일정한 가격 이하로는 판매하지 말자고 약속하는 것이지.

이렇게 상인들끼리 가격 담합을 하면 소비자는 제품의 품질과는 상관없이 터무니없이 비싼 가격으로 물건을 사야 해.

사회는 사람들의 삶의 방식에 대해 생각하고, 사람들이 만들어가는 문화와 역사를 이해하는 데 도움을 주는 과목이야. 또한, 자신이 속한 사회의 일원으로서 어떻게 행동하고 살아야 하는지 고민하게 하는 과목이기도 하고. 한편으로는 논술을 쓸 때 풍부한 근거 자료가 된다는 점도 잊어서는 안 될 거야.

❹ 현장학습으로 사회 공부하기

교과서에 나오는 장소는 다녀오는 것이 좋단다. 4학년부터는 사회 과목이 어려워져. 외워야 할 것도 많아지고.

직접 보고 듣고 만져 보면 기억에 오래 남아. 게다가 현장학습에 적극적으로 참여하면 주변에서 일상적으로 일어나는 현상이나 사회 문제 등을 보는 시각이 넓어지지.

여행을 갈 때는 미리 준비하는 것이 좋아. 어디를 어떻게 갈 것인지, 주변에 더 둘러볼 곳은 없는지. 그리고 미리 관련 책을 읽어 두는 것이 좋아. 예를 들어 경주 불국사에 간다면, 석가탑과 다보탑에는 어떤 비밀 이야기가 숨겨져 있는지, 어떤 역사적 배경을 가졌는지 등을 알고 가면 훨씬 큰 도움이 될 거야. 다녀와서는 여행일지를 기록해 두면 여행지에서 본 유물, 유적들은 역사 공부에 도움이 될 것이고, 먹거리는 각 지방의 특산물을 자연스럽게 기억하게 하겠지.

엄마, 흑!

휘이잉

현장학습

과학 공부, 왜 해야 할까?

자연 현상을 이해하고 적절하게 대처할 수 있어

과학은 꼭 과학자가 되기 위해 배우는 것이 아니야. 물론 지금의 과학 지식이 기초가 되어 나중에 노벨상을 탈 만큼 훌륭한 과학자가 될 수도 있겠지.

하지만 과학은 그렇게 멀리 있는 것이 아니야. 과학은 우리 주변에서 일어나는 여러 현상을 바르게 이해하고 대처하여 더욱 편한 생활을 하기 위해 배우는 과목이야.

먼 옛날 사람들은 지구를 중심으로 태양이 돌고 있다고 생각했어. 그런데 코페르니쿠스와 갈릴레오가 지구가 돌고 있다는 사실을 증명했고, 그것으로 계절이 생기는 이유와 여러 가지 자연 현상을 이해할 수 있게 되었지. 만약 그 사실을 그대로 믿고 있었다면 지금도 계절의 변화는 미궁 속에 있었겠지.

과학의 원리를 이해하면 창의적으로 활용할 수 있어

과학의 원리를 이해하면 창의적으로 활용할 수 있어. 우리 주변에서 일어나는 모든 현상에는 반드시 원인이 있다는 것을 이야기하는 분야이기 때문에 논리적인 사고를 기르기에 더없이 좋은 분야라고 할 수 있지.

이러한 과학적인 사고는 인문학을 공부하는 사람들에게도 필요해. 과학적인 사고는 자신의 내면을 탐구하고 이해하는 힘을 길러 주기 때문이야.

국어, 영어, 수학, 사회, 과학이 서로 전혀 관계없는 과목같이 보일지 모르지만, 서로 보완해 주는 관계이기 때문에 어느 과목 하나 허술하게 대해서는 안 된단다.

우리는 서로 돕는
독수리 아니,
교과 5형제!

과학 공부 잘하는 방법

❶ 실험 과정을 머릿속에 그려라

교과서가 기본이 되는 것은 과학도 마찬가지야. 용어를 이해하고 개념을 확실하게 잡는 데는 교과서만 한 것이 없으니까. 모든 용어의 뜻을 알고 공식을 기억하며 제시된 예와 보기들을 다 이해하고 넘어가야 해.

자기가 제대로 이해했는지 알아보기 위해서는 공부한 내용을 다른 사람에게 설명해 보는 것이 좋아.

과학 역시 예습이 필요해. 관심과 호기심을 불러일으킬 수 있으니까. 교과서를 두 번 정도 읽으면서 어떤 실험이 있는지 훑어보렴. 새로 나온 용어는 완전히 이해하도록 하고. 그래야 수업 시간에 선생님 말씀을 이해하기 쉬울 거야.

과학 문제를 풀어 보면 잘못 알고 있던 개념을 바로잡는 데 도움이 될 거야. 실험이나 관찰을 하면서 막연하게 알고 있던 내

용이 문제를 풀다 보면 좀 더 확실하게 머릿속에 들어와 정리가
되는 거야.

과학 문제를 풀 때는 실험 과정을 머릿속에 그려가면서 푸는
습관을 들이는 게 좋아. 과학 문제는, 실
험을 통해 기본적인 과학 원리를
밝히는 과정을 학생이 잘 이해하
고 있는지를 묻는 게 보통이
거든.

모든 공부가 그렇지만
기초 지식 없이 어려
운 문제를 해결하는
것은 불가능해. 하지만
반대로 기초 지식부터 차근차근 쌓아가면 어떤 문제도 어렵지
않게 풀 수 있어.

자신이 특히 취약한 문제 유형이 있다면, 그 문제가 묻는 가장
기초적인 원리로 돌아가서 완전하게 이해하도록 해.

기원전 4세기에 아리스토텔레스는 '지구는 둥글다!'라고 외쳤어. 그전까지 지구는 평평하다고 믿었던 사람들은 어이가 없었지만, 지금은 그 사실을 모르는 사람은 아무도 없지.

아리스토텔레스가 지구는 둥글다고 외칠 수 있었던 것은, 지구가 둥글지 않으면 설명할 수 없는 것들이 너무나 많았기 때문이야.

아리스토텔레스는 당시 사람들이 믿고 있던 잘못된 개념을 바로잡았고, 설명할 수 없었던 여러 가지 현상들을 설명했지.

이렇게 자신의 경험과 관찰을 밑거름으로 삼으면 과학 개념을 만들어낼 수 있어. 만약 이해할 수 없는 부분이 생기면, 왜 그럴까? 하는 의문을 갖는 거야.

생각하고 관찰하고, 그러다 보면 새로운 사실을 알게 되겠지. 그러기 위해서는 정확하고 올바른 개념을 가져야 해. 기본이 올바르지 않으면 관찰을 통해 지식을 얻는 과정에서 오류가 발생할 테니까 말이야.

과학에는 특별한 용어가 있어. 그 용어를 이해해야 과학을 이해할 수 있어. 그렇다고 과학 용어가 과학 세계에서만 일어나는 현상을 말하는 것은 아니야. 우리 주변에서 흔히 볼 수 있는 현상을 간단하게 정리한 것이지.

용질과 용매가 고루 섞이는 '용해'를 예로 들어 보자. 우리가 집에서 코코아를 타 먹을 때 가루가 물에 녹아들어 가는 것 역시 용해야.

어렵기는 하지만 용어는 길게 설명해야 하는 현상이나 물질을 짧게 개념 정리해 둔 것이므로, 용어를 모르고서는 과학을 잘할 수 없단다.

❸ 실험 보고서 쓰기

초등학교 과학은 주로 관찰이나 실험의 과정과 결과를 기록하는 활동이 많아. 따라서 실험과 관찰 활동을 할 때 적극적으로 나서는 게 좋아. 직접 해 본 활동은 머릿속에서 잘 지워지지 않기 때문에 따로 공부하려고 노력하지 않아도 되거든.

과학 문제는 단순한 사실이나 지식을 묻는 데 그치지 않아. 관찰이나 실험 과정을 쓰거나 결과를 해석하는 능력까지 범위를 넓혀 문제를 내지.

그래서 복습할 때는 전체적인 내용을 파악하는 것이 좋아. 특히 실험관찰 책을 활용해 과학 시간에 한 관찰이나 실험의 과정과 결과를 기록하면서 나름대로 다시 정리해 보는 거야.

실험 보고서는 간단하게 쓰는 것이 좋고, 그래프나 도표, 분류표 같은 것을 이용하면 좋아. 시험을 앞두고 이 보고서를 훑어보면 빨리 정리할 수 있지.

보고서를 쓸 때는 주제와 준비물, 실험 방법 그리고 알게 된 점과 알고 싶은 점 등은 반드시 쓰도록 해. 또 실험할 때 주의할 점도 기록해 두면 시험공부 할 때 많은 도움이 될 거야.

❹ 과학의 기본은 호기심

과학 분야는 호기심을 갖는 것이 무엇보다 중요해. 왜 그런 현상이 일어날까? 하는 의문은 실험하고 이해하는 과정에서 생겨.

암기만 하는 학생들은 '왜?'라는 의문을 가질 틈이 없거든. 그저 당연하게 생각하니까 무조건 외우는 거지.

또 호기심은 관찰에서 시작해. 해가 뜨면 아침이 되고 해가 지면 저녁이 되는 것은 당연하지. 그런데 왜 그럴까? 하는 생각을 해 본 적 있니? 이미 알고 있는 사람도 있겠지. 그래, 지구가 자전하기 때문이야. 그런데 이 사실을 무조건 외우려고 하면 이해가 잘 안 될 거야. 원리를 이해하는 게 가장 중요하지.

❺ 일상생활에서 과학 공부하기

사회가 우리 주변의 사회 현상에 대해 공부하는 과목이라면 과학은 우리 주변의 자연 현상에 대해 공부하는 과목이야.

그래서 사회만큼이나 과학도 실제로 실험이나 관찰을 통해서 직접 눈으로 보고 확인할 수 있는 내용이 많아. 생활 속에서 얼마든지 과학 공부를 할 수 있다는 얘기지.

놀이터의 시소를 통해서 수평과 지렛대의 원리를 알 수 있지. 나보다 몸무게가 더 나가는 아이와 시소를 탈 때 어떻게 하면 균형을 맞출 수 있는지 직접 해 볼 수 있잖아.

놀이동산의 롤러코스터에도 과학적인 원리가 숨어 있어. 롤러 코스터가 올라가는 부분은 운동에너지가 위치에너지로 전환된 부분이고, 내려가는 부분은 위치에너지가 운동에너지로 전환된 부분이야.

부엌은 그야말로 실험실의 보고야. 물을 끓이면 수증기로 바뀌는 증발 현상을 직접 볼 수 있고, 과일을 깎아 놓으면 과일 표면이 갈색으로 변하는 갈변 현상을 관찰할 수 있지. 배추를 절이면서 삼투압 현상을 공부할 수도 있고.

직접 동식물을 키워 보는 것도 좋아. 개미 기르기나 사슴벌레 유충 키우기, 금붕어 또는 개구리 알이나 올챙이를 키우면서 자라는 과정을 관찰하다 보면 아주 흥미로운 모습을 볼 수 있을 거야.

식물은 꽃을 보는 것도 좋지만, 이왕이면 방울토마토나 고추 같은 열매가 열리는 것이 좋아.

평소 과학 관련 책이나 신문 기사를 읽어 두면 큰 도움이 된단다. 책을 읽고 난 후에는 꼭 독후감을 쓰고, 실생활과 연결해 보는 것도 잊지 말렴.

실험보고서

제목		날짜	
실험 목표			
실험 전 궁금증			
준비물			
실험 방법			
주의사항			
실험 결과			
실험 후 알게 된 것			

제4장

시험 잘 보는 방법

❶ 시험을 잘 보려면?

시험은 단순히 등수를 매기거나 성적을 내기 위해서 보는 게 아니야. 그동안 배운 내용을 얼마나 잘 이해하고 있는지 알아보려는 거지.

그것을 왜 굳이 알아야 하느냐고? 공부는 우리가 살아가는 데 필요한 하나의 기술이야. 그 기술이 얼마나 향상되었는지 정도는 알아야 하지 않을까?

요리를 생각해 보자. 아무리 맛있는 재료들을 갖고 지지고 볶는다고 해서 맛있는 요리가 되는 것은 아니잖아? 간도 봐야 하고 불도 조절해야 하지. 그런 과정을 통해서 맛있는 요리가 탄생하는 거잖니.

시험도 비슷해. 책과 선생님께서 맛있는 정보를 제공해 주었다면 그 정보를 얼마나 잘 이해하고 있는지 검사하는 것이 시험이야.

그래도 막상 시험하면 스트레스를 받게 되지? 이렇게 생각해 보자. 네가 무언가 자신 있는 일을 하고 나면 다른 사람들에게 자랑하고 싶어지잖니? 열심히 한 만큼 칭찬받을 것을 기대하고

말이야. 그게 청소든 그림 그리기든 즐기면서 하면 대체로 결과
도 나쁘지 않고 너 자신도 스트레스를 덜 받지?

시험도 마찬가지야. 준비를 잘해 두면 걱정할 것이 없어. 시험
이라는 말 때문에 괜히 스트레스받지 말길 바란다. '피할 수 없
으면 즐겨라!' 라는 말도 있잖아. 이왕 해야 할 거라면 즐겁게 해
보렴.

❷ 시험의 첫 번째 단계

계획표 짜기

시험 날짜가 발표되면 우선 계획부터 짜도록 해.

시험공부는 지금까지 배운 내용을 다시 확인하고 완전히 내 것으로 만드는 일이야. 아무리 평소에 예습과 복습을 잘해 두었다고 해도 시간이 지나면서 잊어버린 것도 있을 것이고, 또 완전히 이해하지 못하고 넘어간 부분도 있을 거야. 그것을 보충해야 해. 무조건 공부만 하면 자칫 노력과 시간을 낭비할 수도 있단다.

계획을 세울 때는 여유 시간을 확보하는 것이 좋아. 그 시간에 차질이 생긴 부분을 보충할 수 있거든. 핵심 과목이나 부족한 과목에 시간을 많이 배정하는 것이 좋단다.

단, 시험 계획을 세우기 전에 반드시 과목별 시험 범위는 어디까지인지, 시험 날짜는 언제인지부터 확인하렴.

시험 준비 기간 분배하기

시험까지 남은 기간을 삼등분하는 거야. 예를 들어 20일 정도 남았다고 하면, 10일 정도는 전체 내용을 훑어보는 데 할애하도록 해.

이때 일일 계획은 자세하게 어떤 과목을 얼마만큼 공부할지도 표시하도록 해. 특히 선생님께서 중요하다고 강조한 부분은 다시 한 번 표시해 두렴.

하루에 한 과목만 공부하면 능률이 오르지 않으니, 여러 과목을 섞어서 공부하는 게 좋아. 운동할 때 온종일 팔운동만 하고 또 다음 날은 온종일 다리 운동만 하면 지치고 재미없잖아?

두 번째로 일주일 정도는 좀 더 구체적으로 공부하는 데 할애하도록 해. 문제도 풀어 보고 외워야 할 것은 확실하게 외우도록 해. 문제를 풀면서 오답 노트도 만들고 틀린 문제를 꼭 확인하렴.

마지막으로 하루 이틀 정도는 문제집을 풀면서 틀린 문제를 다시 보고 깜빡 잊었던 내용도 다시 복습하는 거야. 이때 오답 노트를 활용하면 좋겠지?

학습 일기 쓰기

반복 학습은 오래 기억할 수 있는 유일한 공부 방법이야. 그렇게 세 번이나 반복해서 봤는데도 볼 때마다 새로운 것들이 있을 거야. 잘 외워지지 않는 것도 있고. 그런 것들은 요약노트를 만들어 시험 보기 직전까지 익히도록 하렴.

　시험공부 하면서 학습 일기를 쓰면 자신이 얼마나 공부했는지 한눈에 파악할 수 있어서 좋단다. 계획에 따라 잘 공부하고 있는지, 진도가 얼마나 나아갔는지 확인하면서 좀 더 체계적으로 공부할 수 있어서 능률도 오른단다. 그러기 위해서는 오늘 해야 할 일은 반드시 오늘 하는 자세가 필요해.

과목 번갈아가며 공부하기

공부할 때 과목의 특성을 생각해 번갈아가며 공부하는 것이 좋아. 종일 수학 또는 영어만 공부한다고 성적이 크게 오르지는 않아. 오히려 똑같은 내용을 공부하다 보면 집중력이 떨어지고 지루해지기 쉽지.

처음부터 무리해서 몇 시간씩 책상에 앉아 있지 말고 10분, 20분 이렇게 늘려가는 것이 효과적이야.

때로 공부한 시간에 비해 성적이 뛰어나게 좋은 때도 있어. 집중력이 뛰어난 경우이지. 물론 집중력도 중요해. 하지만 학년이 올라가면 이야기는 달라져. 누가 더 오랜 시간 책상에 앉아 있느냐에 따라 성적이 좌우되지.

공부할 양이 많아지니까 짧은 집중력으로는 한계가 있거든. 그러니 집중력만큼 끈기도 중요하다는 점을 명심하렴.

❸ 시험의 두 번째 단계

컨디션 조절하기

시험을 앞두고는 씻지 않는 사람, 미역국 안 먹는 사람 등 여러 부류의 사람들이 있지. 그런 징크스에 신경 쓰지 말고 시험 직전까지 최고의 컨디션을 유지하는 데 집중하도록 해.

사람의 몸에는 리듬이 있어. 비슷한 시간에 잠이 오고 비슷한 시간에 배가 고프지. 만약 학교에서 자는 것이 습관이 되면 역시 비슷한 시간에 졸음이 쏟아진단다. 시험처럼 긴장된 순간이라고 다를 것이 없어.

시험 기간이라고 특별하게 행동할 것은 없어. 그냥 평소와 똑같이 생활하면서 컨디션을 조절하는 게 좋아.

늦게까지 공부한다고 반드시 좋은 것은 아니야. 특히 시험 전날에는 충분히 자야 이튿날 뇌의 활동이 활발해져서 좋은 결과를 얻을 수 있어.

안 외워지는 것은 밤새 붙들고 있어도 소용없어. 졸음과 섞여 머리에 잘 들어오지도 않아. 대신 아침 시간을 이용해 봐. 시험 당일 아침은 다른 때보다 집중이 더 잘 되거든.

❹ 시험의 세 번째 단계

시험은 당일치기야. 이는 시험 보기 전까지 계속 공부해야 한다는 말이지, 결코 시험 며칠 전 몰아서 하라는 말은 아니야.

아무리 공부 잘하는 아이라 해도 전날 공부를 했느냐, 안 했느냐에 따라 점수 차이가 많이 나게 돼.

마지막까지 잘 안 외워지는 공식 등은 시험지를 받자마자 한 귀퉁이에 적어 놓으렴. 알쏭달쏭한 문제는 표시해 놓고 나중에 풀도록 해. 모르는 문제를 붙들고 있다가는 다른 문제를 풀 시간까지 부족할 수 있으니까. 또 다른 문제를 풀다가 정답이 생각나는 수도 있고.

시험 문제에는 함정이 많아. '~가 아닌' '~와 거리가 먼'과 같은 단어가 포함된 문제는 밑줄을 그어 가면서 읽도록 해.

나도 열심히 연필이나 굴려야겠다.

과목별 시험 잘 보는 요령

국어 지문은 선생님께서 중요하다고 말씀하신 부분은 꼭 표시하도록 해.

수학의 경우, 복잡한 문제는 그림을 그리거나 밑줄을 그어 문제가 원하는 답이 무엇인지 확실히 파악한 후에 풀도록 해. 계산 과정을 또박또박 쓰는 것도 잊지 말고. 주관식 답은 단위를 안 쓰면 틀리는 거, 알지? 시간이 남으면 반드시 검산하도록 하고.

영어의 주관식 문제는 철자에 주의해야 해. 때로는 지문에 답이 나와 있는 때도 있어. 짧은 지문이라도 신중하게 읽으렴.

사회는 특히 함정에 빠지기 쉬운 과목이므로 문제를 잘 읽도록 해.

과학은 개념만 확실히 알고 있으면 그리 어려운 문제는 없을 거야.

문제를 다 풀고 나면 마지막으로 검토를 꼭 해야 해. 누구나 실수는 할 수 있거든. 몰라서 틀린 건 할 수 없지만, 아는 문제를 실수해서 틀리면 정말 아깝잖아?

❺ 시험의 마지막 단계

시험 정리하기

시험이 끝났다고 모든 것이 끝나는 것은 아니야. 틀린 문제를 확인해야 해. 그래야 시험 본 의미가 있지. 내가 무엇을 알고 무엇을 모르는지 확인해야 하잖아.

  물론 시험이 끝나고 나면 시험지를 보기 싫을 거야. 그래도 다음 시험에서 똑같은 실수를 반복하지 않으려면 다시 되짚어 보는 것이 좋아.

그렇지만 시험 결과에 너무 신경 쓰지는 말도록 해. 자칫 공부 자체가 싫어질 수도 있으니까.

앞으로 시험은 더 많아질 거야. 중요한 것은 시험을 통해 자신이 무엇을 알고 모르는지를 파악해서 새로운 지식을 쌓아가는 것이란다.

골프 천재 타이거 우즈는 시합이 늘 시험과 같다며 이렇게 말했어.

"라운드마다 뭔가 하나쯤은 배워야 합니다. 늘 배우는 자세를 잊지 말아야 해요. 정신적인 면과 기술적인 면에서 경기를 분석하고 무엇을 잘했고 잘못했는지 파악하여 다음 경기에 활용해야 합니다."

천재도 가끔은 실수를 하고, 안 좋은 성적을 내기도 해. 다만, 실수를 했더라도 그 실수를 통해 뭔가를 배운다는 점이 일반 사람들과 다른 점이지.

앞으로도 많은 시험이 있을 것이고, 그때마다 조금씩 성적을 향상시킨다면 너도 우등생이 될 수 있고, 네 꿈도 이룰 수 있을 거야. 힘을 내렴.